Alberto Calvano

ALBERTO CALVANO

Direitos Civis: Tempo Nebuloso sobre a Corte Constitucional

Do Supremo, há que se esperar coisas supremas. Em todos os sentidos, infelizmente...!

"De tropeços, vitórias e quedas se constrói a experiência".

RIO DE JANEIRO – 2019

CALVANO, Alberto

Direitos Civis: **Tempo Nebuloso sobre a Corte Constitucional**

CDD 220 - 230 - 200

1) Segurança Pública - 2) Direito Público - 3) Polícia Judiciária

EDIÇÃO COMEMORATIVA DO CENTENÁRIO DA ADEPOL-RJ
18.05.1918   18.05.2018

N O T A

Esta edição especial é mais uma homenagem do Autor à Associação dos Delegados de Polícia do Rio de Janeiro - ADEPOL/RJ, nas comemorações do I Centenário da fundação da entidade de classe, em 18 de agosto de 1918, na então Capital da República, mantendo-se sempre fiel aos seus princípios básicos de ética, moral e legalidade na defesa das postulações que preservaram a mítica da centenária instituição, nos momentos mais difíceis e conturbados da vida nacional.

Roga-se a Deus que assim a conserve e mantenha vivos aqueles valores de lhe deram forma e respeitabilidade por todos esses anos.

Parabéns pelo que representa no cenário do mundo jurídico e pelo berçário que fostes de bons juristas e guardiã de muitas famílias aflitas e fragilizadas.

Rio de Janeiro, 10 de maio de 2019.

ALBERTO CALVANO

S U M Á R I O

A CORTE SUPREMA E A NATUREZA E FINALIDADE DO ¨Inquérito Judicial¨.

A vida é um eterno aprendizado. Todos os dias e também algumas noites, somos surpreendidos por acontecimentos até então não percebidos na sua exata dimensão. No campo do Direito Constitucional é de onde sai a sua maioria. Também pudera, não é o STF o guardião da nossa Carta Magna ? Não é ele quem decide sobre os direitos e garantias fundamentais do Cidadão ?   Não é ele quem compõe os conflitos entre o Estado e o Povo ? Entre o público e o privado ?

Em suma: a palavra final, em um estado democrático de direito, será aquela construída   pelo saber e competência dos servidores públicos que integram o Colegiado. Eis a nossa   garantia pessoal e da segurança jurídica constitucional.

Com esse pensamento e nele acreditando é que lemos as matérias jornalísticas de prestigioso matutino, formador de opinião pública, na condição de assinante há mais de   três décadas. Acompanhamos, portanto, o ¨case¨ da censura à revista ¨Crusoé¨ feita por integrantes do Pleno e instauração de procedimento criminal preliminar, a cargo de um dos seus Membros, finalizando apurar a autoria e circunstâncias que envolvem aquela Casa da Justiça e profissionais da imprensa, em fatos recentes.

À época da eclosão do dissídio escrevemos algumas linhas a respeito e, por email, as enviamos- ao jornal O Globo, não publicadas, que acreditamos terem sido descartadas pela irrelevância do seu texto. Nelas, com todo o respeito de que é merecedor o Presidente do STF, outro ítalo-brasileiro como nós, questionamos a validade e sustentabilidade do seu ato, afirmando que sobre a matéria, objeto da sua iniciativa, a Constituição de 1988, no seu artigo 144, definira que crimes, quando ocorrentes, somente podem ser apurados pela POLICIA DO CIDADÃO, através de ações da Policia Judiciária e por mais ninguém, enquanto em vigor a precitada norma, achando-se assim derrogado o dispositivo do Regimento Interno do Poder Judiciário que permitia ao Magistrado também fazê-lo, até então, quando vigente o Parágrafo único do art. 4. do Código de Processo Penal.

Apesar dos inúmeros questionamentos de operadores do mundo jurídico sobre a real natureza do instituto invocado, manteve-se a validade do ato que se acredita venha a ser melhor examinado pelo Pleno do STF, onde já se encontram ações nesse sentido e assim composto o aparente conflito interpretativo sobre a validade entre o sistema acusatório e o juizado de instrução, rejeitado pelo Constituinte de 1988, cerne da questão, equivocadamente aplicado pelo Ministro do STF, quando afirma ¨que o Supremo precisa ser defendido¨ (O Globo, domingo, 5.5.2019, página 6, 2ª. edição).

Prevalecendo esse entendimento arranham-se cláusulas pétreas do art. 5º., assim como ignora-se a figura-tipo descrita no art. 345 do CPB, o que não é bom para o Estado Brasileiro e à Cidadania, destinatária maior da segurança jurídica. Por isso se transcreve trecho da matéria editada, ¨verbis¨: ¨O que não se pode são os excessos. O que não se pode é querer, superando os limites legais e constitucionais, ser o dono do poder, criando, inclusive, do nada, recursos para tal finalidade,¨.

¨Maxima venia¨.

Rio.05.052019

ALBERTO CALVANO.- Del Pol PCERJ e Prof ACADEPOL (aposent.).

TEMPO NEBULOSO SOBRE A CORTE CONSTITUCIONAL BRASILEIRA

Preocupa à Cidadania a natureza do clima que está se instaurando no SUPREMO TRIBUNAL FEDERAL, de há algum tempo, quando questões, aparentemente simples, submetidas ao Colendo Colegiado, tem decisões que se afastam dos princípios e garantias constitucionais, das quais é o sumo garantidor. Decisões que confrontam com o ordenamento legal vigente, geram consequente insegurança jurídica em todo o país, apenas por vontade política e não por divergência interpretativa, doutrinária ou filosófica.

Diz-se que essas nebulosas decisões não decorrem da complexidade do ¨case¨, mas da conveniência e oportunidade de quem está com o poder decisórios em suas mãos, poder esse que lhe foi confiado pelo seu titular absoluto: o outorgante eleitor, na forma prevista no ¨caput ¨do art. 5º. da Carta de 1988. O direito e o poder natural de que é detentor, em mãos de servidores públicos escolhidos pelo seu saber, competência e ilibada conduta pública e privada, vem sendo manejado in causa própria, por culpa exclusiva da omissão dos titulares dos mecanismos dos freios e contra pesos postos pelo Constituinte na Carta.

Não se pode afirmar que não estão suficientemente informados desses desvios, quando se está vivendo um estado democrático de direito, com todos os Poderes e Instituições funcionando e se tem uma imprensa livre e competitiva, sem qualquer espécie de mordaça, tornando públicos os desvios constatados pela mídia investigativa.

Somente a título ilustrativo tivemos a oportunidade de ler, e sobre os textos publicados emitir opinião técnica, remetida ao prestigioso jornal, via email, que a esta acompanham. Infelizmente não foram publicadas, talvez por não serem relevantes e oportuno o momento de sua divulgação.

Eis aí a modesta razão de, mais uma vez, recorrermos ao encargo financeiro de editá-las, assumindo o seu custo, para tornar presente a garantia constitucional do direito de expressão (manifestação do pensamento) na forma do disposto no art. 5º., inciso IV da Carta de 1988. E, mais uma vez ¨maxima venia¨, para quem viu muita água passar por debaixo da ponte, nas suas 83 primaveras, sem conseguirem movimentar a roda do moinho. Apenas passaram ......

Encerrávamos mais este pensamento crítico, quando a mídia, sempre vigilante, informava à fragilizada Cidadania que, mais uma vez, a Colenda Corte Constitucional acabara de julgar constitucional indulto presidencial de 2017, mesmo pondo em liberdade condenados do ¨colarinho branco ¨, por crimes de corrupção, sob o fundamento de que aquele alto servidor público, apenas exercitara sua competência, quando nesse mesmo dia 09.05.2019, acabava de ser recolhido à prisão, por ordem judicial, sob a mesma acusação. Inacreditável esse triste momento que vivemos, por causa de criminoso aparelhamento ideológico dos órgãos da administração pública, que mantém o tempo permanentemente nebuloso em todo o território da MÃE PÁTRIA.

Rio.09.05.2019

ALBERTO CALVANO – Del Pol e Prof. da ACADEPOL (aposent.)

AMEAÇAS, BUSCAS, OITIVA COATIVA, ¨ FAKES NEWS¨ . PERIGOS QUE RONDAM O S.T.F.

Inadvertidamente a Corte Constitucional do Brasil perdeu-se diante de fatos que não estavam ao alcance de sua jurisdição originária. O STF é o Guardião da Constituição, por vontade soberana do POVO, na histórica Constituinte de 1988.   Responsáveis, pela manutenção da Ordem Jurídica e das próprias   Instituições Permanentes, são os servidores públicos nomeados, pelo seu saber, equilíbrio e folha corrida,   detentores da força constitucional, capaz de assegurar o estado democrático de direito, a igualdade de todos diante da Lei, o devido processo legal, a transparência e tudo mais que se encontra no art. 5º. e art. 37 daquela carta de princípios.

É o manto legítimo e legal que o Povo, reunido em assembleia geral, nos legou para nos proteger das intempéries sazonais e dos passionais pelo poder.

Esqueceu-se, contudo, da diversidade étnica e moral do nosso povo, que tem valores não sustentados , abertamente, guardados cuidadosamente sob singela pele de cordeiro esperando o momento próprio para dela descartar-se pelo incômodo que lhe traz: viver dupla personalidade.

Guardadas as devidas proporções e circunstâncias, é o que vemos ocorrer com os nossos representantes que movimentam os três Poderes da República e as Funções Essenciais. Realisticamente vive-se outra realidade, onde se praticam, exageradamente, os jogos de guerra entre parceiros   que deixam de interagir somando valores, para confrontarem como se inimigos mortais fossem, a troco de satisfazerem apenas vaidades e afagar o próprio EGO.

Recente demonstração de um deles, justamente aquele que tem como encargo primacial defender e resguardar a Constituição, inconformado e momentaneamente incapacitado de conter a sua ira, voltou-se contra a Casa da Justiça, fazendo justiça com as próprias mãos, ignorando a disciplina constitucional, arrostando, primariamente, conceitos que até ontem defendia galhardamente.

Como decorrência natural, o espaço intelectivo dos operadores do direito, mergulhou em uma babel jurídica, de difícil compreensão e aceitação, dividindo o próprio Colegiado em duas ou mais correntes que formam aparente cabo de guerra. Hoje não mais se discutem doutrinas, princípios, fontes e soluções não traumáticas. Apenas prováveis "falks news" com indesejáveis e permanentes usurpações de competências e atribuições funcionais de antigos parceiros. De Guardiões, esqueceram-se desse sagrado sacerdócio, para se transformarem em agentes de riscos indesejáveis. "Concessa máxima venia". Perdoe-nos pelo arroubo.

" Quousque tandem abutere patientia nostra" , diria Cícero, no velho Senado Romano.

Rio. 18.abr. 2019

ALBERTO CALVANO _- Del pol PCERJ e Prof. ACADEPOL (aposent.)

DECRETAÇÃO DE INCONSTITUCIONALIDADES. EXERCÍCIO PLENO DE GUARDIÃO DO ESTADO DEMOCRÁTIDO DE DIREITO E DO DEVIDO PROCESSO LEGAL

Arriscaríamos, mais por ousadia do que por desejo de ainda continuar transmitindo experiência de vida acadêmica e operador do direito por mais de meio século, lembrar a quem se julga, de direito, ser o fiel dessa sensível balança da JUSTIÇA, a ¨politização¨ do SUPREMO TRIBUNAL FEDERAL, quando é instado a se pronunciar sobre a supremacia das   CLÁUSULAS PÉTREAS sobre normas de menor hierarquia, inclusive, disposições inteligentemente inseridas após o artigo 5º., que se contrapõem aos princípios maiores daquelas.

Ensinaram-nos, a VIDA e os DOUTRINADORES, que direito e a justiça são faces de uma mesma moeda, construídas pelo bom senso na vida em sociedade. Muito simples, quase primário, essa conclusão que deveria ser sistematicamente consultada por quem exerce função, cargo ou mandato representativo do titular absoluto de direitos - o POVO .

Outorgados os poderes de que é titular absoluto, o ELEITOR , esse mesmo POVO, é convertido, pelo outorgado eleito, em objeto na relação Estado-Indivíduo, que se estabelece, perdendo a condição de titularidade no contrato social firmado nesse momento histórico de construção do estado democrático de direito, passando o representante a comportar-se como verdadeiro proprietário e, consequentemente, como destinatário dos direitos e garantias fundamentais.

A metamorfose jurídica que se opera nessa fantasia de estado democrático não só é aviltante para o extorquido dos seus direitos,

como é transformado em vassalo da novel classe feudal, obrigado a prover permanentemente o tesouro de S.Exa.

As CLÁUSULAS PÉTREA evaporam-se diante da insaciável gula do senhor feudal dos tempos modernos, enquanto o seu Guardião e da própria Constituição, nada vê, nada percebe e nada sente, desde que possa ter a sua generosa recompensa, mediante mais leis autorizativas de novos confiscos e negação dos direitos usurpados.

Havia e ainda há sinais significativos de que essas práticas genocidas estavam sendo varridas pela postura irreprochável do ELEITOR, neste histórico pleito de 2018, como se percebe no sistemático sacode poeira dos 100 primeiros dias. Muito se critica, solapam-se os alicerces de todo e qualquer projeto viável, simplesmente porque não se quer perder o produto de fraudes endêmicas renováveis a cada quatro anos.

Está dito e repetido que a CORTE constitucional brasileira é quem tem a legitimidade de por a casa em ordem, começando por retirar do mundo jurídico pátrio o que afronta as CLÚSULAS PÉTREAS, dele escoimando o tratamento diferenciado que somente deve ser aplicado aos criminosos irrecuperáveis para o retorno ao convívio social. Que tal declarar inconstitucionais os REGIMENTOS INTERNOS DOS TRES PODERES ?

Na faxina, seguindo o mesmo princípio, extinguir-se-ia o FORO ESPECIAL; os numerosos ¨penduricalhos¨ dos ESTIPÊNDIOS salariais; o tratamentos de autênticas divindades como no velho Senado Romano etc. etc. etc.

Talvez se consiga restabelecer a credibilidade, a respeitabilidade e a confiabilidade na sagrada Casa da Justiça, tão abalada e criticada pela conduta dos seus hóspedes temporários, mas que é a última esperança de vivermos sob o manto protetor de um estado democrático de direito,de respeito ao devido processo legal e da igualdade de todo diante da lei, cuja elaboração e aplicação confiamos a quem outorgamos, mediante instrumento constitucional (o VOTO), poderes indelegáveis e impostergáveis, para esse fim.

Trinta anos seria tempo suficiente para aplicarmos as leis que fizemos ? Ou estamos esperando um novo período de ¨vacacio legis¨ ? Não custa quase nada tentar, ¨permissa venia¨. Ainda nos resta tênue esperança.

Rio.10.abr. 2019-04-10

ALBERTO CALVANO – Del Pol PCERJ e Prof. ACADEPOL (aposent.)

O DIREITO À LIBERDADE DE PENSAMENTO E DE OPINIÂO GARANTIDAS PELA CONSTITUIÇÃO

Tanto aos homens quanto às mulheres está assegurada na CARTA de 1988 a liberdade plena de OPINIÃO, simplesmente porque todos são iguais perante a Lei , SEM DISTINÇÃO DE QUALQUER NATUREZA, consagra-se no art. 5º. e seu inciso I, no rol das cláusulas pétreas.

A MANIFESTAÇÃO DE PENSAMENTO, também o é, proclama-se no inciso IV. Portanto, sendo livre essa vontade e não estando seu exercício condicionado a qualquer autorização do Poder Público, a privação ou tolhimento desse direito fere a CARTA e nos leva à censura, ante sala das DITADURAS, não importando o modelo ou roupagem que vestem na expressão ESTADO DEMOCRÁTICO DE DIREITO.

Pura propaganda enganosa, que tem surtido efeito para um povo desunido e fraco.

Por que assim escrevo, desafiando a mídia e também a não menos culta república dos procuradores e promotores de justiça, de defensores públicos, alguns magistrados e o próprio berço dos operadores do Direito a nossa OAB, que falam e agem com autorização dos entes constitucionais, essenciais à administração da justiça ?

Responderia dizendo que continuo acreditando no ser humano, na sua inteligência e nos seus bons propósitos, quando se põe na liça por uma causa que lhe parece nobre e justa. Não posso acreditar que pessoas tão bem preparadas e amparadas não vêm o mal triunfar sobre o bem. Coisas pequenas ficam grandes quando a elas se adiciona o fermento do sucesso rápido e do endeusamento. Transformam-se em divindades e assim querem ser vistas e tratadas.

Os Poderes da República têm as suas divindades, como o velho Senado Romano as teve com grandiosidade. Não basta escrever uma boa Constitulção, se não somos capazes sequer de cumprir o seu art.5º., incisos e parágrafos ; se juramos cumpri-la e, a agredimos. Que estado democrático é esse onde não se quer e não se permite dizer a verdade, mas continua-se sedando o seu destinatário, alimentando-o do mínimo necessário, para mais uma vez lhe extorquir o mandato que levará essa divindade ao Olimpo dos intocáveis donos da verdade.

Por que não se pode relembrar e comemorar a MARCHA DA FAMÍLIA QUE RESA UNIDA, SE MANTEM UNIDA, que antecedeu àquele 31.Mar.1964 que, de fato e de direito, marcou os dias subsequentes, os quais dizem, somente teriam terminado 21 anos depois, e agora se teme revelar o que aconteceu depois dessa data até os dias atuais, porque viveu-se um outro quarto de século de CORRUPÇÃO DESENFREADA, com ex-presidentes, ex-governadores, ex-ex- ex-etc. na cadeia ou aguardando a sua vez de ingressar no inferno que ajudaram a construir ?

Esta é a OUTRA OPINIÃO sobre a matéria que o Jornal O GLOBO edita nesses dias que antecedem o 31 de março, que teria sido o marco histórico da queda das máscaras dos jovens ladrões de banco, dos sequestradores de pessoas e aeronaves, de assassinatos de jovens recrutas das Forças Armadas, de instrutores de ladrões ¨pé de chinelo¨, transformando-os em mercenários do narcotráfico, na convivência carcerária, os quais ainda persistem em operar depois que os seus professores desabaram do andar de cima, pelo exagerado peso do ouro que haviam acumulado.

Será que essas divindades sabem que os seus mestres ao assaltarem o erário público, assassinaram milhares de pessoas famintas e doentes porque o Estado as abandonou ? Que o assassinato em massa é genocídio, que as nossas leis, por eles votadas e sancionadas, o declaram imprescritível, não se admitindo o instituto da progressão da pena ?

Será que de tanto serem omissos conscientes, perderam a noção do ridículo e que estão ofendendo a quem lhes paga os salários, que chamam de estipêndios, porque ¨salarium¨ era a paga dos mercenários de Roma Antiga, e divindade não recebe o sal como pagamento pelo seu esforço de guerra.

Deixemos que falem. ¨ NON ABIETI PAURA¨ dizia o Santo Padre JOÃO PAULO II, em suas eternas homilias, visto que 233o seu interior, nada há nele que possa mais nos amedrontar.

Não custa nada ter um pouco de respeito pelo seu semelhante. Sou um octagenário que sobreviveu e com eles conviveu e os conhece relativamente bem.

Rio.29.03.2019

ALBERTO CALVANO   Del Pol PCERJ e Prof. ACADEPOL (aposent.)

DOS DIREITOS E GARANTIAS FUNDAMENTAIS. DO DEVIDO PROCESSO LEGAL. DO CONTRADITÓRIO E DA AMPLA DEFESA e o inquérito policial, na CARTA de 1988

Decorridos mais de 20 anos da promulgação da CARTA de 1988, continuamos com o inquérito policial do modelo acusatório do processo penal, a ser formalizado seguindo os padrões de natureza estritamente inquisitorial. O procedimento pré-processual mantém as mesmas linhas traçadas pelo Decreto-lei 3.689 de 03.10.1941.

No entanto, as regras básicas elencadas ordenadamente no art.6º. da norma instrumentária deveriam observar o princípio garantístico do inciso LV do art. 5º., onde se define que ¨aos litigantes, em processo judicial ou administrativo, e aos acusados em geral são assegurados o contraditório e ampla defesa, com os meios e recursos a ela inerentes¨.

Em assim procedendo, a autoridade policial, a quem a lei determina um rito de formalidades essenciais , portando, de observância obrigatória, de tudo lavrando-se um TERMO, que na prática passou a chamar-se INQUÉRITO POLICIAL, acompanhando o Título II, do Livro I, em nenhum momento, formalmente assegura ao preso ou indiciado o CONTRADITÓRIO e a AMPLA DEFESA, violando-se o direito e garantia fundamental da AMPLA DEFESA.

O inciso LV do art. 5º. torna nulo todo o procedimento preliminar - INQUÉRITO POLICIAL — por inobservância de formalidade essencial, ferindo um dos alicerces da nova Carta que, também, obrigatoriamente deve ser decretada pelo Magistrado que dos autos e fatos tomar formal conhecimento. Alega-se, quando se opõe essa preliminar na

defesa do indiciado ou acusado, que não se identifica nenhuma irregularidade ou nulidade e qual medida estará sanada na fase judicial, o que no bom italiano diríamos: ¨non è vero nemeno bene trovato¨.

A NULIDADE, diferentemente da irregularidade, é de efeito FULMINANTE. Não se convalida porque o processo ou o inquérito passa às mãos do Magistrado e, ao contrário, torna-se mais grave porque dessa NULIDADE também participa o GUARDIÃO DA CARTA .

É preciso corrigir esse ato abusivo do exercício de atribuição constitucional, pois segundo os bons operadores do Direito, tal prática tem tipificação penal e a volta à legalidade não exige nenhum esforço sobre humano. Que se dê a palavra ao investigado, na fase primeira desse procedimento instrutório preliminar para se defender, como se faz na fase judicial e não mais se discuta se o Delegado de Polícia é tão competente e isento quanto o seu colega de grau, que dirige a segunda fase. Sustenta-se que melhorando a qualidade do material da fase instrutória preliminar, não mais se justifica a repetição das diligências presidida pelo Delegado de Polícia. A homologação das mesmas pelo tripé processual estaria o feito processual em condições de se proferir a sentença judicial.

Vamos tentar melhor aproveitar o que se tem, ou continuaremos discutindo filigranas medievais, enquanto o titular de direitos continuará clamando por Justiça.

Rio. 27.03.2019

ALBERTO CALVANO - Del Pol PCERJ e Prof. ACADEPOL
(aposent.).

REGIMENTO INTERNO DO S.T.F. NÃO REVOGA DISPOSIÇÃO EXPRESSA DA CONSTITUIÇÃO

Depois da ¨italianização¨ do Ministério Público brasileiro, o Supremo Tribunal Federal, por ato formal do seu Presidente, acaba por também ¨italianizar¨ o nosso Judiciário, ao Instaurar Inquérito Judicial, em substituição ao Inquérito Policial e designar um Membro do Colegiado para presidi-lo.

O novel procedimento finaliza apurar a prática de condutas com tipificação penal, figurando como vítimas Membros do próprio Colegiado, e autores iguais ilustres Membros do ¨Parquet¨, diante de manifestações em autos oficiais e declarações veiculadas pela mídia.

Diz o competente Magistrado que, ao tomar conhecimento dos atos e fatos, cabia-lhe adotar medidas da sua competência e atribuições específicas, para fazer cessar tais condutas e responsabilizar os seus autores e, por tais razões, arrimando-se em disposições expressas do Regimento Interno do Supremo Tribunal Federal, INSTAURAVA INQUÉRITO, no âmbito do TRIBUNAL

Para os operadores do Direito surpreendeu, na fala do Presidente do S.T.F., o surgimento da sombra da represtinação de norma autorizativa, expressa no parágrafo único do art.4º. do CPP de 1941, revogada implicitamente pelo art.144 da Carta de 1988, tornando a atividade de polícia judiciária MONOPÓLIO das POLÍCIAS FEDERAL E ESTADUAIS, sobre o que o próprio S.T.F., em decisão recente, por maioria (6x5), decidiu também autorizar o M.P. exercitá-la (a POLIÍCIA JUDICIÁRIA), sem indicar expressamente o arrimo constitucional da sua decisão, que desatenderia, também, as regras do art.37 da vigente Constituição. Essa decisão, na prática, afasta a ação penal do sistema ACUSATÓRIO, migrando, em parte, para o do JUIZADO DE INSTRUÇÃO, o qual , na Itália, ante disposição da Lei no.81 , de 16.02.1997, ¨delega legislativa al Governo della Repubblica per l´amanazione del nuovo códice di procedura penale¨, que, em seu no. 2. 1, no segundo período do texto, estabeleceu:

¨ Esso inoltre deve attuare nel processo penale i caaratteri del sistema accusatorio, secondo i principi ed i criteri che seguono: 1) massima semplificazione   nello svolgimento del processo com eliminazione   de   ....
2)
....
3) partecipazione dell´accusa e della difesa su basi di paritá in ogni stato e grado del ....

É sabido que na ITÁLIA   o Judiciário tem dois segmentos independentes; um de natureza instrutória (Juizado de Instrução) e um Judicante. No primeiro, o GIP, Juízo de Instrução Preliminar, atua como polícia judiciária e órgão de acusação, enfeixando as atribuições que no Brasil são desempenhadas independentemente:.a polícia judiciária e apuração das infrações penais, pelo DELEGADO DE POLÍCIA , e da pública acusação, pelo PROMOTOR DE JUSTIÇA, que nada investiga e nada preside. A sua natureza é essencialmente postulatória e mais significativamente de Fiscal da Lei.

Em nossa realidade fática, vive-se um cenário confuso, improdutivo e indisciplinado, onde se perde mais tempo discutindo o óbvio, do que exercitando as suas atribuições constitucionais. É nesse cenário que se expõe a fragilidade dos direitos e garantias fundamentais, do devido processo legal   e o estado democrático e direito.

O S.T.F de garantidor e guardião da Constituição, levado pela desarmonia interna e, algumas vezes, por vaidades incontidas, tem deixado muito a desejar aos que lhe delegaram o exercício de poderes TOP , mediante o pagamento de estipêndios suficientes para se manterem longe dos holofotes da mídia e de ideologias políticas e partidárias.

Criou-se mais um ¨imbroglio¨ tipicamente latino a desafiar os nossos juristas e mestres do Direito.

INDAGAR-SE-IA: sendo a norma constitucional de hierarquia plena e, somente, através de PEC poderia ser modificada e o Regimento Interno, mesmo que fosse baixado mediante LEI COMPLEMENTAR OU ORDINÁRIA, onde se permitisse exercitar essa atribuição, não estaria esse plus em desarmonia com a reserva constitucional das POLÍCIAS ? Afrontaria o disposto no art. 144 ?

Considerando-se que o vigente C.P.P. é de 1941 e essa reserva legal do Delegado de Polícia estava ali contemplada, havendo apenas a exceção do parágrafo único e, posteriormente, na Constituição de 1946 e seguintes, dispondo-se autorizativamente de também exercitar o magistrado atividades de polícia judiciária e investigação criminal, pelas novas regras da CARTA DE 1988, também não teriam sido revogadas ? Qual a data do Regimento Interno invocado ?

Os anos históricos de 1941, 1946 e 1988 são bases suficientes, se observada a hierarquia das normas, para compor esse aparente conflito de competências e atribuições funcionais. Seria uso abusivo de poder judicante ou típica usurpação de função ?

¨ Venia concessa ¨ . Rio. 15.03.2019 ALBERTO CALVANO – Del Pol PCERJ e Prof. ACADEPOL (aposent.)

A GARANTIA DO ESTADO DEMOCRÁTICO

Recentemente abriu-se uma interessante discussão sobre o AGENTE CONSTITUCIONAL garantidor do ESTADO DEMOCRÁTICO, quando veículo de imprensa, formador da opinião pública a nível nacional, portanto, de respeitável credibilidade e confiabilidade, resolveu analisar e expender o seu entendimento jornalístico sobre trecho de pronunciamento do Presidente da República, feito de improviso em uma cerimônia oficial, comemorativa dos 211 anos de criação do Corpo de Fuzileiros Navais da MARINHA DO BRASIL, quando teria afirmado que ¨democracia e liberdade só existem quando as Forças Armadas querem¨ acrescendo a essa afirmativa : ¨A missão será cumprida ao lado das pessoas de bem do nosso Brasil, daqueles que amam a pátria, daqueles que respeitam a família, daqueles que querem aproximação com países que têm ideologia semelhante à nossa, daqueles que amam a democracia e a liberdade. E democracia e liberdade só existem quando as suas respectivas Forças Armadas assim o querem ¨. Isso ¨ disse BOLSONARO, na sede da Marinha , no Rio.¨ A matéria se encontra na página 5 da edição do O GLOBO de sexta-feira 08.03.2019, sob a responsabilidade profissional de BRUNO ABBUD e DANIEL GULLINO opais@globo.com.br RIO e BRASÍLIA.

A afirmativa destacada para exame isoladamente pelos profissionais de imprensa foi vista sob uma ótica supostamente preocupante por segmentos da sociedade que têm compreensão diversa do orador que, ao que parece, falava a todos os brasileiros presentes ao ato na manhã do dia anterior e para aqueles a quem a imprensa livre levaria a informação, no exercício pleno de sua atribuição constitucional.

Para os que leem com atenção a Carta de 1988 - e o Presidente dela participou em 1993, na Revisão Constitucional – e cotejarem a matéria com o que está expresso no seu art. 1º. e ¨caput ¨do art.142, entenderá o verdadeiro sentido da alusão feita às Forças Armadas como as defensoras constitucionais do país, da nação e de suas instituições democráticas, da mesma forma como a POLÍCIA é, constitucionalmente, a Garantidora exclusiva da CIDADANIA.

É fato inconteste de que ainda temos certos conceitos e prejulgamentos impregnados, que nos impedem, inclusive, de melhor participar e apoiar os nossos valores, curtidos no caldeamento das raças e povos que plasmaram o cidadão brasileiro, tão capaz quanto os mais capazes, no concerto das nações civilizadas. ¨ NON ABIETI PAURA¨ , diria o Santo Padre JOÃO PAULO II. Não tenham medo, porque esse fantasma já foi sepultado, depois de higienizado pela LAVA JATO. Esta é a nossa ¨opinio¨ . ¨Permissa venia¨ .

Rio.09.03.2019.

ALBERTO CALVANO – Del Pol PCERJ e Prof.ACADEPOL (aposent.)

INSEGURANÇA JURÍDICA E INSTITUCIONAL BATENDO À NOSSA PORTA

Preocupante para quem já foi operador do Direito ver e ouvir notícias divulgadas pela mídia nacional, mais precisamente no Rio de Janeiro, sobre a conduta funcional de servidores públicos exercentes de poder judicante e funções institucionais, quando instados a praticarem suas competências e atribuições constitucionais, diante de fatos concretos, com repercussão no estatuto penal e leis especiais.

Preocupantes por que se anuncia mais um rompimento de barragem de acalentado projeto corporativo que pretende, a qualquer preço, alçar-se em 4º. Poder da República Federativa do Brasil. É sonho antigo dos ex-Procuradores Reais, os todos poderosos e fiéis apoiadores das Casas da nossa realeza apeada do Poder Absoluto, no final do século XIX.

Em uma rápida leitura da denominada Carta de Curitiba, onde se firmaram conceitos e se construiu doutrina corporativa bem direcionada na conquista de espaços que os levariam ao almejado olimpo jurídico, suspeita-se que bacharéis em Direito, não bem sucedidos na disputa de cargos públicos de Autoridade Policial, migraram para segmento importante na prestação jurisdicional em área penal – o Ministério Público – desejosos de ali exercitarem as atribuições do cargo, a ele adicionando atribuições exclusivas do DELEGADO DE POLÍCIA, seu parceiro constitucional e legal de persecução penal.

Todos falando a mesma linguagem e irmanados do mesmo propósito corporativo, não tiveram dificuldades em redigir a famosa Carta e por ela lutar na Constituinte. Aí, contrariando-os, prevaleceu a vontade do Povo, expressa na construção dos artigos 129 e 144, norte constitucional do nosso combalido sistema acusatório, hoje impossível de identificar na babel criada pela indisciplina corporativa, arrancando da Corte Suprema uma decisão tão absurda constitucional, quanto politicamente, mas que tem as suas origens no manancial da fundamentação da Carta de Curitiba.

Não seria demasia dizer-se que foi o voto de um emérito mestre e brilhante Magistrado, ex-Promotor de Justiça do Estado de S. Paulo, Decano daquele Colendo Tribunal Superior, quem construiu sistema híbrido de persecução penal, permitindo que o MP também exercitasse atribuições de polícia judiciária, ao arrepio de disposição expressa na CARTA, assegurando a este o direito de escolher os casos de sua conveniência, violando o princípio do Promotor Natural, do Delegado Natural e do Juízo Natural, levando-nos a ignorar direitos e garantias fundamentais, princípios de cláusulas pétreas e regras essenciais de normas instrumentárias penais. Seria um típico caso de uso abusivo de poder judicante ?

Isso gera insegurança jurídica e institucional. Quem tem o poder exercita-o ao seu bel prazer, golpeando de morte o ESTADO DEMOCRÁTICO DE DIREITO.

Estamos no início de uma grandiosa temporada de caça, Os instrumentos foram disponibilizados pelo próprio Guardião da Carta de 1988. Esperemos e veremos onde essa aventura nos levará. Perdoe-nos, se a memória nos falhas pela avançada idade. Contudo, tentamos. Rio. 07.02.2019

ALBERTO CALVANO - Del Pol PCERJ e Prof. ACADEPOL (aposent).

POR QUE SE INSISTE EM VIOLAR A CONSTITUIÇÃO ?

Caminhamos a passos largos para se instalar no país um quadro pouco lisonjeiro de desobediência à Lei, diante de exemplos repetitivos cunhados em decisões judiciais de natureza estritamente políticas.

Desde o momento em que o constituinte de 1988 estabeleceu que a atividade de policia judiciária e investigação criminal são exclusivas da POLÍCIA CIVIL (federal e estaduais), no art. 144, parágrafo 1º., I e IV, enquanto ao MINISTÉRIO PÚBLICO (federal e estadual) assegurava-se a privatividade da ação penal pública, nos termos do art. 129, I , criou-se um cenário de total contestação, onde o parceiro de persecução penal discordava da divisão de encargos do sistema acusatório vigente no país, desde o velho CPP dos anos 40.

Não entendiam e não aceitavam por que a CARTA DE CURITIBA ,do ano anterior, não fora aceita na sua totalidade pelos Constituintes, estando Presidente da Câmara dos Deputados um Membro do MP e no plenário outros combativos Fiscais da Lei. Queriam impor um sistema alienígena, mais precisamente o italiano – o JUIZADO DE INSTRUÇÃO, incompatível com a nossa realidade jurídica, social e política e porque havíamos participado da II Guerra Mundial, quando foram derrotadas as forças nazi-fascistas, em 1945, que o mantinham em seu território e áreas de influência política e ideológica.

Em um sistema presidencialista como o nosso, não há espaço para um quarto poder, eis que no modelo italiano, cujo sistema de governo é parlamentarista, o MP é um segmento da Magistratura (Poder Judiciário), não judicante , a quem incumbe os encargos de investigação criminal e polícia judiciária.

Esse Quasimodo que aos pouco se foi criando, não cabe na nossa tradição jurídica e não é salutar para o estado democrático de direito, violador que é de cláusulas pétreas e outros princípios expressos no art. 37 da atual CONSTITUIÇÃO. Há flagrante violação do devido processo legal, da isonomia das partes, de garantias e direitos fundamentais; violam-se flagrantemente normas instrumentárias penais, em suma, não há segurança jurídica.

Cria-se o todo poderoso senhor da guerra, entregando-lhe o bastão do comando, tudo porque continuamos preguiçosos para uma leitura atenta da Carta de 1988 e ausência de coragem suficiente para dizer a verdade e conduzir-se como Guardião da Constituição Cidadã.

O Supremo não está acima da Lei, assim como os seus servidores temporários não são divindades do combalido Senado Romano nem, muito menos, de um Capitólio Imperial. ENTÃO POR QUE VIOLAMOS A CONSTITUIÇÃO DE 1988? Não nos esqueçamos que temos um ex-Procurador Geral da Justiça do Estado do Rio de Janeiro, preso recentemente sob a acusação de integrar organização criminosa e um ex-Subprocurador-Geral, por fatos da mesma natureza. ¨Venia concessa¨.

Rio, 05.02.2019

ALBERTO CALVANO - Del Pol PCERJ e Prof. ACADEPOL
(aposent.)

"ITALIANIZAÇÃO" DO MINISTÉRIO PÚBLICO

Decisões corporativas do Supremo Tribunal Federal sobre o monopólio constitucional das investigações criminais e da polícia judiciária em solo brasileiro pela POLÍCIA CIVIL, tem gerado insegurança jurídica para a Cidadania e violação da CARTA de 1988, ferindo de morte o princípio da isonomia das partes, do devido processo legal, do contraditório e da ampla defesa e da própria ética jurídica.

Há mais de meio século temos alertado operadores do direito de que o Brasil optou , na década de 1940, pelo sistema ACUSATÓRIO na prestação jurisdicional em nosso país, enquanto outros, do novo e velho continentes, experimentavam modelos próprios ou importados, cunhados em anterior Juizado de Instrução, no qual o ESTADO traçava as linhas que assegurassem, segundo se afirmava, maior e melhor garantia para o investigado, chamado de SISTEMA GARANTISTICO.

Contudo, como deveria ser lido trecho do art. 2º. Da ¨ LA LEGGE DELEGA de 16 febbraio 1987 no.81. Delega legislativa al Governo della Repubblica per l'emanazione del nuovo codice di procedura penale.¨, ¨ipsis literis¨:

¨ 2. 1. Il códice di procedura penale deve attuare i principi della Costituzione e adquarsi alle norme .... omissis.................... alla persona e al processo penale. Esso inoltre deve attuare nel processo penale   I CARATTERI DEL SISTEMA ACUSATORIO, secondo ....¨.

Posto que vigia, até àquela data, sistema de instrução preliminar com vista a propositura da ação penal, mais conhecido como JUIZADO DE INSTRUÇÃO, presidido por Magistrado não judicante, titulado como Procuratore della Repubblica, a quem se outorgavam poderes de polícia judiciária e investigação criminal, atribuições exclusiva do DELEGADO DE POLÍCIA, conforme disposição expressa no art. 144 parágrafo 4º. Da Carta de 1988.

Veja-se a sorte madastra com que foi contemplada a parceria de persecução penal no ano de 1988. Na Itália do Juizado de Instrução migrava-se para um sistema acusatório, via Nuovo Codice di Procedura Penale, enquanto, no Brasil, assegurava-se pela nova Carta, o monopólio das atividades de polícia judiciária e investigação criminal ao DELEGADO DE POLÍCIA.

Mas, voltemos a um pouco mais às nossas históricas origens.

De ser lembrado, para melhor compreensão dessa dualidade que, no Estado Novo e, no momento maior do nacional socialismo, depois nominado como nazi -facismo, que nos premiou com a carnificina da II Grande Guerra Mundial, os procuradores do rei – essa é a real origem dessa corporação, tão antiga quanto as casa reais - asseguraram para si, no parágrafo único do artigo 4º. do Código de Processo Penal, hoje derrogado, o espaço para que qualquer pessoa, da confiança da casa real reinante (no nosso caso, o então DITADOR) fosse designada para presidir a investigação criminal e a polícia judiciária, já ali, reservada no ¨caput¨ do citado art. 4º., a novel AUTORIDADE POLICIAL – o servidor público concursado nominado de Delegado de Polícia - hoje com registro e assento constitucional.

Antes da Carta de 1988 havia assim uma brecha redacional para que o PROMOTOR DE JUSTIÇA (o Procurador Real) pudesse assumir o encargo processual, presidindo os atos previstos na norma instrumentária penal, o que gerava constantes conflitos aparentes de atribuição, para se descartar a hipótese de violação do estatuto penal da USURPAÇÃO DE FUNÇÃO PÚBLICA.

Relembre-se ainda, que o PODER JUDICIÁRIO, através da Magistratura Judicante de 1ª. e 2ª.Instâncias, em suas decisões, sempre tangenciaram a questão nodal sob o argumento de que não havia até àquela data, reserva constitucional de monopólio da atividade de polícia judiciária e investigação criminal, pela POLÍCIA CIVIL (federal e estaduais), dirigida por DELEGADO DE POLÍCIA.

Ensinava-se nas Universidades de todo o país que sistema garantístico é justamente a fiel observância das cláusulas pétreas, elencadas no art. 5º, consagrando princípios democráticos do devido processo legal, da igualdade de todos diante da lei, também dito isonômico, do contraditório e da ampla defesa, enfeixados no sistema acusatório onde o Magistrado é o único árbitro na condução do processo criminal, e a acusação e a defesa têm registrado o seu momento próprio de atuação.

É na fase preliminar do apuratório, que o legislador chamou de INQUÉRITO POLICIAL, tem ele a sua direção entregue ao Delegado de Polícia, com funções semelhantes às do Magistrado judicante, até relatório final e encaminhamento ao Juízo competente (por distribuição) onde se observa outro princípio fundamental, o do Delegado Natural e Juízo Natural. Neste momento processual, o Promotor Natural passa operar como Órgão de Acusação, na forma e momentos previsto na Carta de 1988 e C.P.P.

ESSE procedimento normatizado pelo ordenamento adjetivo penal, no sistema acusatório, com a entrada do Promotor de Justiça, formaliza-se o momento acusatório. Enquanto o feito se encontra com a Autoridade Policial (o Delegado de Polícia), convencionou-se denominar-se de Polícia Judiciária, daí muitas vezes chamar-se o Inquérito Policial de procedimento de polícia judiciária ou ainda de procedimento preliminar de persecutório penal.

A ele – Promotor de Justiça - cumpre, PRIVATIVAMENTE, formular a denúncia, se presentes os pré-requisitos processuais ou requisitar do Delegado de Polícia a realização das diligências essenciais, passando pelo controle externo do Magistrado Judicante, por não estar ele habilitado, constitucionalmente, para realizá-las. Faça-se uma atenta leitura dos incisos I e VIII do art.129 e se compreenderá que a função desse servidor público, nos autos de procedimentos criminais, se realiza pela postulação a isso acrescendo-se a figura de Fiscal da Lei. Nada preside. Postula, requer, movimenta a máquina estatal em proveito do titular do direito violado, nos prazos e formas legais. Não tem a disponibilidade da ação penal e deve fazê-lo sob pena de prevaricar. Leia-se com atenção o artigo 5º. Inciso LIX. É apenas Parte no processo criminal, representando o titular do direito violado. Não pode compor, negociar, transacionar ou dispor dela, sem prévia autorização expressa do titular.

Normas infraconstitucionais que dispõem sobre delação premiada ressentem-se de dispositivos assegurando que na negociação se ouça, ao final, para sua homologação, o verdadeiro titular do direito, protegido por mandamento constitucional. A consulta, o referendo ou outra forma compatível com o fim colimado não pode ser afastada, sob pena de se ferir garantia constitucional. Não há, formalmente, nas Cláusulas Pétreas, qualquer autorização expressa de negociação pelo Ministério Público (Função Essencial à Justiça) e, muito menos, aos Poderes Constituídos.

Vejam, como se caminha no sentido inverso, do momento em que resolveram criar as CLÁUSULAS PÉTERAS.

Na ITÁLIA, a Constituição de 1948 não tem CLÁUSULAS PÉTREAS mas, se fizermos uma leitura mais atenta, no ¨ Codice di Procedura Penale¨ de 1988, ali encontraremos algo muito parecido com essa garantia.

Está implícito, para não se dizer, claramente, que o operador do direito que investiga, não acusa e não julga; que o órgão de acusação não investiga nem julga, sendo parte essencial na relação processual que se estabelece com o recebimento da denúncia. O Magistrado preside e profere sentença, assegurando às partes o reconhecimento dos seus direitos e observância do devido processo legal O Magistrado aplica a Lei como está escrita. Interpretá-la, só ocasionalmente, desde que o faça sem legislar a respeito, acrescentando e mudando o seu sentido.

Infelizmente, para todos nós, nessa questão do poder de investigar e exercitar a atividade de polícia judiciária, esse grupamento indisciplinado do MP, tem ido muito além das chinelas. Tem, aberta e desafiadoramente, decidindo, politicamente, uma questão de relevância maior, rasgando, nesse episódio a própria Carta.

E O guardião da Constituição numa demonstração inequívoca de uso abusivo do poder judicante, criou-se um monstrengo apenas por não se ter a suficiente coragem de dizer que a parte que acusa deve respeitar o DEVIDO PROCESSO LEGAL pois, no que está escrito nos artigos 129 e 144, há, implicitamente, proibição desse ¨modus faciente¨ construído por brilhante jurista, oriundo do respeitável Ministério Público paulista, falho apenas por não haver indicado em que dispositivo da Carta de 1988 se encontra o arrimo do seu voto.

Os cinco Magistrados que acompanharam o seu voto, decidiram matéria constitucional, politicamente, o que é vedado pelo nosso ordenamento jurídico.

Criou-se ¨imbroglio¨ , violando-se garantia e direitos fundamentais do cidadão, que espera do Guardião da Carta a devida e necessária correção do uso abusivo do poder judicante, corporativamente.

Essa é a leitura que se faz dessa histórica decisão judicial.

Muito simples e, didaticamente irreprochável a passagem do ¨casus¨ pela vertente investigatória da polícia judiciária, para o âmbito do Ministério Público, que ditará, então, o que fazer, visto o seu deslocamento para uma decisão política.. Supunha-se que se disciplinava a intervenção dos operadores do direito, em seus respectivos momentos de intervenção, de molde a ser observado devido processo legal.

Isso era e é o que está expresso na norma instrumentária penal recepcionada pela Nova Ordem Constitucional. Igualmente tal disciplina é do domínio e de cumprimento obrigatório por quem participa do processo ou procedimento judicial, presidido por autoridade judiciária em seu momento maior e pela autoridade policial, na fase preliminar da apuração das circunstâncias e autoria da infração penal.

Mas, a indisciplina funcional tornou-se efetiva e encontrou adeptos no comando da instituição, até então, bom parceiro da persecução penal em seu momento de exercício da atribuição constitucional de propositura da ação penal.

A postura de alguns menos controlados membros do ¨ PARQUET ¨ elevou o ¨affair¨ a um cenário não compatível com a relevância do cargo público ocupado, ensejando a obrigatória judicialização de aparente conflito de atribuição para não dizer que houve efetiva usurpação de cargo e função publicada, praticada por FISCAL DA LEI, levando a questão ao STJ e, finalmente, ao STF, onde o ¨imbroglio¨ ficou mais grave, com uma solução negociada politicamente, admitindo-se a possibilidade do MINISTÉRIO PÚBLICO também investigar casos onde tinha interesse institucional, isto é, da sua livre escolha.

No Brasil, mais precisamente no Rio de Janeiro, enquanto se tentava a italianização do Ministério Público, na Itália, depois da Constituição de 1948 e com o advento da reforma do Codice di Procedura Penale, vinte anos depois (22.09.1988), o Juizado de Instrução sofria algumas modernizações para minorar a violação do contraditório e ampla defesa e da isonomia das partes na relação processual que se constituía ao termo da fase instrutória, conduzida e presidida pelo Magistrado não Judicante, Magistrado do ¨Indagine preliminare¨ ou por Procurador da República.

Estranhava-se, como ainda se estranha que o agente público que investiga e preside o ¨indagine preliminare¨ possa operar na fase judicial, sem que se tenha violado o princípio da igualdade das partes no pleito judicial, em um sistema garantístico, como se auto denomina o Juizado de Instrução daquele país.

Com o devido respeito de que são merecedores aqueles que pretendem melhor se informar sobre o modelo garantístico italiano se recomendaria a consulta á obra: ¨ Il nuovo códice di procedura penale edição 1993 – commentato per artícolo com la giurisprudenza a cura de PIERMARIA CORSO – EDITRICE LA TRIBUNA - PIACENZA.

Está quebrada a disciplina processual. O Rio de Janeiro está na vanguarda, amparando-se em decisão política violadora da Carta que deveria ser objeto da sua proteção. O que chama à atenção é que no âmbito federal procura-se poupar as instituições de desgaste, por puro capricho corporativo, diferentemente do Rio que tem um ex-Procurador Geral de Justiça preso sob acusação de atos menos nobres durante a sua gestão à frente da PGJ. Inacreditável, mas é o que toda mídia noticiou !

Será que a ¨italianização¨ melhorará o seu desempenho ? O rio voltará ao seu leito natural ?   A final, teremos melhores notícias sobre a execução da vereadora ? E a quase execução da Deputada Estadual, ex-chefe da PCERJ ?   E em GOIÁS, quando o MP encaminhará os inquéritos ministeriais ao Delegado de Polícia?

Haja embrulhos para desembrulhar . RIO. 24.01.2019

ALBERTO CALVANO - Del Pol PCERJ e Prof. ACADEPOL
(aposentado)

LIMINAR EM HC QUESTIONADA, USO ABUSIVO DE PODER JUDICANTE ?

Decisão recente em HC, proferida liminarmente por Magistrado integrante de colegiado da Corte Suprema, guardiã da Carta Republicana de 1988, causou e ainda causa preocupação não apenas aos operadores do Direito, mas a quem lhes paga os maiores salários do serviço público brasileiro - o POVO.

Tudo porque as famosas garças do nosso cenário político não podem ser recolhidas a aposentos pouco dignos ao ser humano. O nosso sistema carcerário reproduz as memoráveis masmorras medievais, em pleno século XXI, onde o Estado Democrático de Direito perdeu o controle e o comando da atividade gerencial e pedagógica em favor das facções que continuam dirigindo as suas quadrilhas, com a segurança do próprio Estado, para vergonha de todos nós.

Depois que esse Colegiado decidiu que o condenado cumpre a pena privativa de liberdade sobrevindo decisão de segunda instância (quando não mais cabem recursos modificativos da decisão agravada) vez que os agravos cabíveis não são instrumentos aptos a esse fim, gerou-se no meio acadêmico e assessorias técnicas especializadas frustração, quanto ao uso do instituto do moto perpétuo recursal até a ocorrência da prescrição da pena por decurso de prazo processual.

A decisão da Corte Constitucional é de 2016, com resultado final de 6 a 5 , pró cumprimento imediato da pena, do que resultou, segundo divulgado pela imprensa, no recolhimento de mais de 169.000 condenados com trânsito em julgado, como prevê a Constituição em CLÁSULA PÉTREA, no curso de apenas 02 anos da histórica decisão, com prejuízos irreparáveis para quem tinha o contrato de prestação de serviços, até a ocorrência da prescrição.

O Magistrado ora questionado, foi voto vencido naquela ousada decisão da maioria simples, que resolvera, discretamente, colocar um freio nos abusos recursais que se eternizavam no Judiciário, por conta de equivocada compreensão de que não fora feita justiça ao acusado com a decisão monocrática, confirmada por colegiado judicante, até que ele esgotasse o seu último recurso formal, incapaz de reformar o julgamento de segunda instância.

As consequências imediatas da atitude do Magistrado não apenas deixara de acatar aquela decisão de 6 a 5, de forma deselegante, como também geraria insegurança jurídica, expressão sempre levantada nos debates jurídicos. Diferentemente seria o voto proferido durante discussão em plenário, onde reafirmaria o seu entendimento divergente, assegurado pelo Regimento Interno da Corte, pela ética e pela moral.

Segundo relata a mídia, a sua decisão tinha caráter vinculante, alcançando principalmente parlamentares recentemente recolhidos ao sistema carcerário que já tinham manejado esse heroico instituto constitucional, sem sucesso.

Indagar-se-ia: estaríamos diante de um equívoco decorrente do excesso de trabalho, visto que nos encontramos nos últimos dias do ano ou de um típico uso abusivo do poder judicante , com consequente violação de estatuto penal ?

GRAVE , MUITO GRAVE MESMO A ATITUDE CONFRONTANTE DE SERVIDOR PÚBICO COM A ORDEM JURÍDICA E CONSTITUCIONAL COM EVIDENTES SINAIS DE INCONFORMISMO FUNCIONAL. Não seria demasiado recordar que o agente do Estado não é o próprio Estado ou Poder, mas alguém   momentaneamente comissionado para desempenhá-lo imparcialmente.

Inobstante temporariamente incompreensível a postura do Magistrado Judicante, competente por distribuição do HC, não nos parece respeitosa ao Poder Judiciário e, ao STF, a charge publicada pelo jornal O Globo, na edição de 6ª. feira, 21.12.2018, página de rosto, chamando o cidadão AURÉLIO de ¨... o ministro maluquinho ¨ ao lado de uma caricatura colorida do personagem focado pelo cartunista.

O Judiciário pode estar bem ou mal representado no questionado cenário pelo servidor público que, momentaneamente, exercita as atribuições constitucionais do cargo, mas não pode e não deve ser com ele confundido e julgado pelos atos menos nobres por ele praticados. Isso se aplica a todos, indistintamente, na vigente ordem jurídica. O executor responde pelos seus atos, exclusivamente, deixando-se o Estado sobreviver aos possíveis e prováveis desvios funcionais, para garantia do POVO que deve bem representar e servir.

Quanto ao nominado Magistrado, judicante no Colendo STF, se e a memória não nos falha, lembramo-nos, nos idos dos anos 60, de jovem acadêmico de Direito, recém chegado das Alagoas , nos corredores da vetusta Faculdade Nacional de Direito (FND) do Largo do Caco, berço e forja de excelentes mestres, juristas, magistrados e Membros da Pública Acusação, que muito dignificaram-na. Naquela mesma época mais dois alagoanos do mesmo clan ali colhiam os ensinamentos dos mestres dos mestres , cujo desempenho acompanhamos, por algumas décadas, sendo que este aqui reportado, pelas excelentes aulas de direito constitucional nos seus inteligentes votos, quase sempre vencidos no julgamento, mas importantes para a doutrina e a jurisprudência que aos pouco vai se formando no mundo acadêmico.

Com todo o respeito e admiração de que é merecedor o cartunista, pela sua perspicácia e inteligência, discordamos da classificação ofertada na charge, pois nem o ministro nem a pessoa do servidor público a ela atendem.

¨Venia concessa¨.

Rio.21.12.2018

ALBERTO CALVANO – Del Pol PCERJ e Prof. ACADEPOL (aposent.)

MAGISTRADOS CUMPREM AS LEIS. INTERPRETÁ-LAS, EXCEPCIONALMENTE

Quando se afirma que se vive um estado democrático de direito, lê-se esse princípio constitucional onde se sustenta a vontade popular – do POVO – de que a LEI é o nosso parâmetro maior no convívio e nas relações pessoais e sociais. ELA é o guarda-chuva que nos protege dos abusos entre as partes e do próprio Estado, ente jurídico e virtual, através do qual a Cidadania se movimenta.

Vez por outra o noticiário jornalístico nos revela que o Guardião da Carta de 1988 é instado a dizer sobre direitos e garantis fundamentais do CIDADÃO em aparente conflito legal.

Já temos afirmado inúmeras vezes que a nossa vigente Constituição, diante das CLÁUSULAS PÉTREAS, estaria constituída de duas partes distintas e inter relacionadas. A primeira parte seria a Constituição propriamente dita, que iria até o artico 5º. com os seus 77 incisos e 2 parágrafos, constituindo as CLÁUSULAS PÉTREAS, as quais pela sua intrínsica natureza, seriam IMODIFICÁVEIS. A segunda parte, segue daí até final, constituindo-se a rigor da primeira, regulamentação dos direitos e garantias fundamentais. Teríamos, então, Parte I (cláusulas pétreas) e Parte II (normas constitucionais modificáveis, através de processo legislativo regulamentar).

Somente fazendo-se essa simplista leitura se explicaria a ênfase que se dá às CLÁUSULAS PÉTREAS, com a qual renomados constitucionalistas e processualistas dificilmente concordariam, por provocar uma grave revolução no conceito de ¨governança¨.

Por que se trazer à colação essa questão que se arrasta nos nossos tribunais e no próprio STF há mais de 03 décadas ? Dir-se-ia que assim se procede porque já seria tempo do Guardião da Constituição fazer cumprir a LEI como está escrita para todos os brasileiros , especialmente pelos servidores públicos, operadores do direito, que o fariam não por oportunidade e livre convencimento, mas pelo princípio de execução imediata (art.5º. parágrafo 2º.). Assim não teríamos desnecessárias discussões acadêmicas, sobre discricionariedade, arbítrio e conveniência quando da aplicação de CLÁSULA PÉTREA

Estaria suficientemente bastante claro que não cabe ao Judiciário legislar, especialmente, sobre direito penal e processual penal, assim como não cabe ao legislativo ordinário descumprir CLÁSULA PÉTREA e princípios fundamentais da ética , da moral, da transparência, da impessoalidade e dos próprios direitos do eleitor que o comissionou seu representante no Parlamento Brasileiro. Muito menos às bancadas corporativas assistiria esse direito e, ao Executivo, igualmente. A todos, indistintamente, aplicar-se-iam as prescrições do art. 37.

Quanto à versada questão de concessão de indulto (art. 84 XII), na qual o Judiciário é instado a decidir sobre suposto poder concedente ilimitado, passando ao largo do cumprimento de formalidades essenciais e limites legais, parece-nos que a solução nos remete, obrigatoriamente às já nossas bastante citadas CLÁUSULAS PÉTREAS. Parece-nos que se está construindo, diante da dificuldade de conciliar a governança¨¨ com as cláusulas pétreas, algo muito mais complexo , desclassificando a hierarquia daquelas, sob o fundamento de que foram os mesmos constituintes que redigiram a aprovaram textos, privilégios, intocabilidades, poderes ilimitados para pessoas que nada mais são do que representantes do cidadão eleitor, outorgante de poderes limitados de que é detentor.

Diante de teses, doutrinas, súmulas e livres convencimentos, se estão construindo conceitos infringentes das próprias teses sustentadas em plenário e em entrevistas exclusivas, deixando a Cidadania perplexa, ante a grandiosidade e repercussão da prestação jurisdicional.

"Maxima vênia".

Rio.1º.12.2018

ALBERTO CALVANO – Del Pol PCERJ e Prof. ACADEPOL (aposent).

A Corte Constitucional Brasileira continua concedendo HC contra decisões judiciais. Por que o Magistrado viola tanto a LEI ?

Quando   o Estado, representando literalmente o Titular de Direitos, conforme mandamento expresso no Parágrafo único do artigo 1º. da Carta de 1988 - ¨ Todo o poder emana do povo, que o exerce por meio de representantes eleitos ou diretamente, nos termos desta Constituição.¨ , movimenta-se no mundo jurídico nacional e internacional, como executor e garantidor não apenas deste, como da própria Carta Política, deve observar regras básicas que estão às claras, expressas e ordenadamente concisas e, nunca conflitantes, focado em outro princípio lógico e racional que deve permear todo o ordenamento infraconstitucional, qual seja de que não é (ele) e não pode ser titular de poderes absolutos e que cumpre apenas o mandato, nos limites da OUTORGA que lhe faz o CIDADÃO, para a elaboração do formal instrumento de execução do ¨munus¨, de que está investido.

Esse instrumental de execução é o que vê, ordenadamente disposto, a partir do artigo 6º., em consonância com os precedentes 2º., 3º., 4º. e 5º., autorizativos dos comandos formais.

Com o Capítulo I – ¨ DOS DIREITOS E DEVERES INDIVIDUAIS E COLETIVOS ¨, inscreveram-se regras imodificáveis pela via legislativa, cunhadas que foram de CLÁSULAS PÉTREAS, de observância obrigatória pelos operadores do Direito, em especial pelo guardião maior da Constituição - o MAGISTRADO.

A liberdade de locomoção, ou do ir e vir, de transitar livremente, inscreve-se dentre os direitos e garantias fundamentais do Cidadão em um estado democrático. Está expresso no art. 5º. Inciso LXVIII, da Carta de 1988, assegurando à vitima da coação a concessão de ¨habeas corpus¨. Nesta hipótese o agente coator será sempre um agente do Estado, exercitando atividades delegadas do titular constitucional do Poder. Violência ou coação são as condutas tidas constitucionalmente como ilegais, portanto, impulsionadoras da intervenção do Estado-Juiz , para a restauração dos direitos ofendidos.

A prisão de qualquer pessoa – restrição da liberdade de deslocamentos - somente poderá se verificar em duas situações: em flagrante de delito, mediante a lavratura do auto de prisão em flagrante (APF) com expedição da Nota de Culpa pela Autoridade Policial (Delegado de Policia), ou mediante ordem escrita e fundamentada da Autoridade Judiciária competente (Juiz de Direito), na forma da construção jurídica do inciso LXII do art. 5º.

Em ambas as situações, com previsão constitucional, quando concedida a Ordem Judicial, fica comprovada a ocorrência de uma conduta ilícita por parte do agente público prolator da decisão atacada, implicando em configuração de prática de figura típica – CRIME, salvo ocorrência de causa ou circunstância excludente de ilicitude ou criminalidade (art. 23 do CPB)

Consequentemente, na relação processual que se constrói com a impetração da Ordem, o polo passivo será sempre ocupado preferencialmente por quem, no exercício da função pública emitiu a ordem ou praticou ato em desconformidade com a LEI.   Autoridade Policial e Autoridade Judicial são operadores altamente qualificados do mundo jurídico e ao exercitarem o ¨munus¨, o fazem consciente e voluntariamente.

Dentro dessa ótica simplista, as impetrações da Ordem ocorreriam excepcionalmente e, na maioria dos casos por uma interpretação razoavelmente justificável, possibilitando ao Juiz concedente e ao Órgão de Execução do Ministério Público com atribuição decidir sobre a instauração do procedimento judicial de responsabilização pela prática da violação de direito constitucional do paciente do HC.

À Cidadania, diante da simplicidade assim colocada, a que estaria reduzida a questão, não compreenderia o alarmante questionamento dos atos judiciais de privação da liberdade de indiciados, denunciados, réus ou condenados , com a expedição da Ordem de Soltura , uma vez que não há responsabilização dos impetrados.

Será que os mesmos não estariam suficientemente preparados para o exercício da judicatura, onde teria ocorrido a prática de ato ilegal ou, os atos questionados eram corretos, perfeitos e constitucionalmente bem embasados para serem mantidos, mas politicamente a concessão da Ordem seria mais uma questão de ¨governança¨,

Em episódios repetitivos, recentemente o POVO, titular legítimo e constitucional dos Poderes (Parágrafo único do art, 1º.) começa a dar sinais de dificuldades para compreender e assimilar como pode um Magistrado, Membro de Órgão Colegiado, conceder a ordem de ¨Habeas Corpus¨ contra o seu próprio colegiado, sobre matéria já sumulada pela Casa da Justiça. Imagina-se que dificuldades não estariam enfrentando aqueles que operam na área do colegiado para decidirem em   prestação jurisdicional sobre direitos e garantias constitucionais.

Rio, em 13.OUT.2018

Alberto Calvano - Del Pol PCERJ e Prof. ACADEPOI (aposent.)

PAZ CONSTRUÍDA SOBRE CADÁVERES. É JUSTO E LEGAL O ATO JURISDICIONAL ?

Acredita-se que os operadores do Direito estejam encontrando dificuldades para compreender e assimilar tese que se constrói na Corte Suprema do Brasil, relativamente a atos de altos servidores públicos em atividade nos mais diversos escalões da República, simploriamente alcunhados de CORRUPÇÃO generalizada, confessada e assumida implícita ou explicitamente, diante da MAGISTRATURA DE 1º. GRAU DE JURISDIÇÃO. Nessa fase primeira da persecução penal, o INQUÉRITO POLICIAL é a ferramenta manejada pelo Delegado de Polícia, coadjuvado pelo Promotor de Justiça e sob o controle externo do Juiz de Direito. É o que se estabeleceu na Carta de 1988 e disciplinou-se no Código de Processo Penal. Simples, se feita a leitura correta dos diplomas legais pertinentes.

Para que isso ocorra é preciso que haja um crime e um criminoso a punir. Estes, por sua vez, estão previamente definidos na lei substantiva penal. Outros, por sua natureza específica, poderão estar previstos em leis especiais. Também muito simples e assimilável.

O ordenamento jurídico pátrio, obviamente, não poderia ser muito complexo, a ponto de demandar a presença de gênios do saber, para nos dizer o que é jurídico e legal, destacando-o ou apartando-o do contexto ¨sub exame¨.

As assessoria técnicas especializadas, que dão apoio aos investigados, idealizaram e deram forma jurídica a uma figura muito TUPINIQUIM para as corrupções ativa e passiva, peculatos, fraudes, falsificações, enriquecimento ilícito, prevaricação, lavagem de dinheiro, sonegação tributária e a um fantástico séquito de malfeitos com tipificação penal, como CAIXA DOIS e/ou DOAÇÕES NÃO CONTABILIZADAS OU REGISTRADAS, para os BILHÕES DE REAIS desviados dos cofres públicos para abastecer campanhas eleitorais, contas fantasmas em paraísos fiscais, sem contar com as gigantescas lavanderias a jato encontradas em pleno funcionamento nos imundos quintais de agremiações ditas políticas.

No confronto judicial entre o bem e o mal, este foi e será inúmeras vezes derrotado, o que implicará no recolhimento dos réus aos alojamentos de cadeias de segurança máxima e uso obrigatório de vestes de prisioneiro da Lei e da Ordem.

Com os primeiros casos concretos, o mundo ruiu sobre os garbosos colarinhos brancos, não acostumados ao tratamento dispensado aos usuários dos grilhões, como ousaram alguns magistrados a se posicionarem diante de ¨bem lançadas¨ reclamações judiciais, com apelações à Corte Suprema, que passou a corrigir os absurdos dos colegas magistrados concursados.

A estratégia jurídica dessas assessorias logrou êxito junto a alguns servidores públicos exercentes de atividade jurisdicional em colegiados superiores do Poder Judiciário os quais, acolhendo o produto do genial entendimento jurídico, decidiu que toda aquela trama criminosa configurava crime político e, por isso, os investigados deveriam responder aos termos do processo na justiça eleitoral de 1ª. e 2ª instâncias, o que levaria à anulação da sentença de todos os julgados, inclusive aqueles já em fase de execução, renovando-se toda a fase processual realizada em JUÍZO NÃO ELEITORAL.

A isso não seria desrespeitoso chamar de extermínio da OPERAÇÃO LAVAJATO, a operação ¨Mani puliti¨ a ¨la brasiliana¨.

Foi, mais ou menos, isso que nos disse a jornalista MIRIAM LEITÃO, em seu artigo ¨Alto custo da paz de Dias Toffoli¨, encontrado na página 22 da edição do jornal O Globo, de 15.Set.2018.

Paz sobre cadáveres não é paz, mas um genocídio jurídico. Espera-se que a 2ª. Turma e o Pleno do Supremo Tribunal Federal corrija definitivamente o grave equívoco e sepulte de vez as ambições das bem estruturadas assessorias técnicas especializadas, secando-lhes as fontes que lhes pagam vultosos honorários pela prestação de serviços dessa natureza.

Assiste razão à jornalista que nos dá uma demonstração de alto saber jurídico, inobstante nunca intitular-se operadora do direito, o que a faz credora de nossos aplausos e admiração.

¨Venia concessa¨.

Rio.15.Set.2018

ALBERTO CALVANO – Del Pol PCERJ e Prof. ACADEPOL (Aposent.).

¨H A B E M U S¨ uma Corte Suprema ou uma arena ?

Choca-nos, como Cidadão e operador do Direito, o mérito de recentes decisões do Guardião da Lei e, consequentemente, da Ordem Pública nas quais, servidores públicos em final de carreira, demonstram querer medir forças. Uma espécie de quem pode mais e quem pode menos. A Casa da Justiça não é uma arena Greco-romana, onde pessoas, em espetáculos públicos, mediam força, para conquistarem algum troféu. Muito menos, um Senado Romano onde se definiam os rumos de um povo escravizado pelo poder da força.

Como explicar um Colegiado desunido ? Como falar-se em ISONOMIA, alavanca mestra do nosso ESTADO DEMOCRÁTICO DE DIREITO ? O que é, afinal, o DEVIDO PROCESSO LEGAL ? O que significa cláusula ou norma imodificável pela via legislativa ordinária ou constitucional, cuja lapidação cunhou-a de CLÁUSULA PÉTREA ?

¨Habemus¨ uma Carta Constitucional e nela inscrevemos regras de bom viver do Cidadão no contesto societário, independentemente de adjetivações. Afinal, todos são iguais diante da lei e a lei, no sentido formal, classificada na hierarquia das normas, editada infra-cláusulas pétreas, não podem estabelecer critérios diferentes para os iguais. É óbvio, dentro desse sentido que se lhe emprestam as normas lapidares pétreas, não podendo ser modificadas na vigências da Constituição de 1988, hão de ser por todos respeitadas, especialmente por aqueles que se propõem deixar um marco da sua sapiência no mundo jurídico.

Assim parecendo e assim sendo para alguns, entre os magistrados existiria hierarquia de saber jurídico, a ponto de insurgirem-se contra o Colegiado, porque este não teria alcançado ainda aquele olimpo do saber jurídico.

Assistiria razão ao magistrado que entende que intervir de OFÍCIO em procedimentos judiciais   faz parte de suas atribuições funcionais, mas se esse dever estiver inscrito no art. 5º e não em Regimento Interno, o que implicaria em violação da própria Carta, bem como do princípio do Juízo Natural.

Também seria óbvio suspeitar que esse destaque seria do domínio pleno de quem aceita o cargo público de prestação jurisdicional do Estado-Juiz e por isso preside o devido processo legal, nas duas instâncias de um Estado-Garantístico.

Em assim entendendo-se é que se ousa acompanhar a corrente majoritária de que ¨habemus¨ uma Corte Suprema que se esforça em proteger a Cidadania, protegendo a Constituição. Sabemos também que a tarefa não nada fácil e que a natureza humana é plena de boas e más surpresas, principalmente quando esse esforço visa alcançar decisão condenatória com trânsito em julgado, deixando o chamado mundo jurídico preocupado quanto à INSEGURANÇA JURÍDICA , a ORDEM PÚBLICA e os DIREITOS E GARANTIAS FUNDAMENTAIS do titular e destinatário de todos eles - o POVO. (art. 5º).

Rio,03.07.2018.

ALBERTO CALVANO – Del Pol PCERJ e Prof. ACAEPOL (aposent.)

Politizando o Supremo Tribunal Federal

Ultimamente a Corte Constitucional do Brasil tem sido muito criticada porque, ao ser acionada por quem se considera prejudicado ou simplesmente ameaçado no exercício do seu direito de cidadão e se socorre dos instrumentos e mecanismos legais para protegê-los, é obrigada à prestação jurisdicional, em último grau.

Como não poderia deixar de fazê-lo, ao julgar procedente o pedido, decidindo favoravelmente ao autor, contraria interesses abusivos do réu. Quando a execução alcança pessoas dos Poderes Executivo e/ou Legislativo, percebe-se que se começou construir jurisprudência supra legal, ao se afirmar que se está interferindo em outro Poder, ferindo-se o princípio da harmonia e interdependência entre os mesmos.

Em nome dessa interdependência está-se atribuindo aos atos e fatos políticos "latu sensu", uma blindagem típica de total imunidade, subtraindo-se da apreciação do Poder Judiciário violação ou ameaça de violação de direito constitucionalmente protegido, para se manter a "governabilidade" e a sobrevida de ente declaradamente inconstitucional.

O que se tem observado nesse extravagante cenário é a vontade de uma minoria que se apoderou do Poder e mantém a Cidadania refém do Executivo ou Legislativo, impossibilitando os seus autores de serem alcançados pela Lei, negando-lhe (à Cidadania)   o exercício de direito, com inobservância de cláusula pétrea, expressa no art.5º.-XXX da Carta.

Para esses cidadãos do mal, a eles não se aplicaria o consagrado princípio isonômico de que todos são iguais diante da Lei. É óbvio que quando se invoca a regra insculpida no ¨caput¨ do art. 5º., há que se er presente que, não havendo exceção no seio das cláuusulas pétreas, não há como criar-se tratamento diferenciado em qualquer outro ordenamento jurídico infra pétreas, a não ser que se queira criar cláusula pétrea de categoria especial depois delas, violando-se o princípio maior da hierarquia das normas.

Consagra-se, para quem faz a leitura atenta da Carte de 1988, no inciso XXXV do art.5º. a exclusividade do Poder Judiciário para apreciação de lesão ou ameaça de lesão a direito, seja ele pessoal, difuso ou coletivo. Quando assim se procede, não se estará julgando os Poderes da República, mas o cidadão que momentaneamente tem procuração do Povo (eleitor) para exercê-lo. Não se pode continuar misturando pessoa física, autora de malfeitos, com o Poder onde ela exerce a sua atribuíção. O outorgado de poderes do Povo, enquanto no exercício do cargo, responde pessoalmente pelos seus malfeitos, como qualquer ser humano, posto que não é divindade, como na velha Roma.

O cenário político nacional ainda cultua personagens desse tipo, resistindo tenazmente ao progresso de novos tempos, como ocorre com o do foro especial de não contribuintes. No entanto, defensores e usuários reincidentes dessa anomalia jurídica, ainda não conseguiram encontrar nas cláusulas pétreas aquela que ampararia a sua versão, mesmo porque a ISONOMIA é regra única e inatacável, na forma como foi escrita pelo CONSTITUINTE e, por isso prevalente sobre as normas produzidas pelo LEGISLADOR ORDINÁRIO.

Como pode ser constatado, tudo se resolve com uma simples, atenta e imparcial leitura da Carta de 1988.

¨Concessa maxima venia¨. RIO. 25.05.2018

ALBERTO CALVANO - Del Pol PCERJ e Prof. ACADEPOL (aposent.)

A NATUREZA DAS EXPRESSÕES ¨culpado¨ e ¨presunção de inocência¨ na CARTA DE 1988

A linguagem e a comunicação se operam, primariamente, através de vocábulos, palavras escritas ou oralmente produzidas e expressões, que levam uma ideia ao conhecimento do mundo onde são proferidas e onde devem produzir os seus efeitos. Isoladamente o vocábulo tem um sentido mas, associado a outros, pode ter significado diverso do original, causando natural conflito interpretativo, levando as pessoas, em alguns momentos, à radicalização desagregadora da sua importância no contexto social. Diríamos: desune ao invés de unir. Daí se recomendar sempre, que na exposição de suas ideias, o autor o faça com cautela e compreensão para quem está sendo dirigida.

Na elaboração de normas de consumo diário obrigatório esse cuidado nem sempre se verifica de maneira uniforme, ocasionando reações que produzem outras, de efeito em cadeia. Nesse cenário também se encontram inúmeros dispositivos da Carta de 1988, que somente serão percebidos diante de um fato concreto, como agora está ocorrendo com inúmeros pleitos ajuizados perante o Guardião da Constituição, o SUPREMO TRIBUNAL FEDERAL.

Comecemos pelo inciso XXXV do art.5º : ¨a lei não excluirá da apreciação do Poder Judiciário lesão ou ameaça a direito;¨. Seguem-se os incisos LVII, onde se sentencia : ¨NINGUEM SERÁ CONSIDERADO CULPADO ATÉ O TRÂNSITO EM JULGADO DE SENTENÇA PENAL CONDENATÓRIA Em seguida, complementa-se a regra com o princípio garantístico do inciso LXI, nos termos: ¨ninguém será preso senão em flagrante delito ou por ordem escrita e fundamentada de autoridade judiciária competente .... ¨   para, na hipótese de inobservância desta regra normativa, dispor no inciso LXVIII, que ¨conceder-se-á habeas corpus sempre que alguém sofrer ou se achar ameaçado de sofrer violência ou coação em sua liberdade de locomoção, por ilegalidade ou abuso de poder;¨. Observe-se que as três regras se completam ao se buscarem a legalidade e legitimidade do ato restritivo da liberdade de locomoção, na decretação da prisão por autoridade judiciária.

Da clareza dos textos tem-se como dogma que a prisão somente decorrerá em flagrante da prática de crime ou por decreto judicial. Nesta segunda hipótese exige-se que para o recolhimento ao cárcere, que a culpa do agente tenha sido examinada por um juízo monocrático e por um juízo colegiado, únicos competentes para presidir e examinar as provas de autoria e materialidade do delito. Findo o duplo grau de jurisdição, vem a fase recursal, com todas as suas modalidade s, mas que não tem legitimidade para suspender os efeitos da sentença condenatória, que começa a ser cumprida com a expedição do título executivo – o mandado de prisão.

Não tendo essa fase – recursal - qualquer efeito suspensivo, somente o H.C., se provido, poderá caçá-lo. Diante do que prevê o ordenamento jurídico vigente, conclui-se que o TRÂNSITO EM JULGADO da sentença condenatória ocorre com a confirmação da sentença do Juízo monocrático. Não tendo os recursos admissíveis qualquer efeito suspensivo, como já dito, tem-se aí o momento consumativo para a execução da sentença. Neste ponto é que ocorrem os debates acadêmicos sobre matéria já exaustivamente dissecada na Constituinte, cujos anais estão à disposição dos que ainda não se convenceram de que não é muito salutar para o estado democrático de direito insurgir-se contra o óbvio.

Lamenta-se, contudo. que é o próprio guardião da Carta que esteja envolvido com esse extravagante exercício do ¨ direito à impunidade ¨, que muito desacredita o Judiciário brasileiro. Cultura, competência e capacidade de argumentação não lhes faltam e o demonstram em todas as sessões semanais, vistas ao vivo no seu sistema televisivo.

Espera-se que não se frustre a última esperança de quem lhes paga os razoáveis estipêndios mensais. ¨Concessa máxima venia¨.

Rio. 09.04.2018.

ALBERTO CALVANO – Del Pol PCERJ e Prof. ACADEPOL (aposentado).

PEDIDO DE VISTA NOS TRIBUNAIS SUPERIORES DO PODER JUDICIÁRIO

Inquestionavelmente, durante a apreciação de matéria complexa nos tribunais colegiados, onde a pluralidade de membros julgadores traz para o plenário conceitos divergentes, obriga observância de cautela maior, para que se chegue a uma prestação jurisdicional mais próximo possível do justo legal. É o momento próprio do exercício do pedido de vista para, no recesso e tranquilidade do seu gabinete de trabalho, o magistrado com direito ao uso da palavra e voto, possa aclarar os pontos polêmicos e exercitar a sua função jurisdicional.

É a razão maior para paralisar o julgamento, retirando da pauta a matéria submetida ao guardião da Constituição e dos direitos e garantias fundamentais da Cidadania. Quando assim se age, não haverá crítica sustentável que possa se apor ao comportamento funcional do servidor público no exercício do mais elevado cargo do Poder Judiciário.

A isto chamar-se-ia de controle externo da judicatura, exercitado pelo titular dos poderes delegados – o POVO. Parece-nos bastante simples, desde que não se exceda prazo razoável, não conflitante com o bom senso, a ética, a moralidade, a legalidade e a transparência dos votos já colhidos e suficientes para uma decisão por maioria simples. Quando já se tem decisão por maioria qualificada, os votos restantes não terão força suficiente para reverter a decisão já conhecida.

Por isso, causa-nos dificuldade de compreensão a questão da redefinição do foro privilegiado para algumas categoria de servidores públicos , ante ao teor que a mídia volta a trazer para conhecimento e manifestação da opinião pública, cujo processo encontra-se há vários meses nas mãos de Magistrado Judicante, para apresentar seu voto e permitir pauta-lo para conclusão do julgamento. Registra a mídia que dos 11 Ministros 07 já tinham proferido o seu voto pela redefinição do privilégio processual, restando apenas 04 para terem o seu voto colhido, insuficientes para alterar a posição da Corte Suprema, a ser apenas prolatada e publicada.

Mesmo superando-se na verbalização e significativos argumentos, o culto e competente magistrado apenas estará retardando o fim de odioso privilégio que confronta e fere o princípio maior do estado democrático – a ISONOMIA.

Pelo cochilo ou pelo despertar de uma consciência até então manietada, o guardião já tinha antecipado o resultado ante a maioria alcançada. O que daria aos votos restantes, apenas o cumprimento de formalidade processual não essencial para o deslinde definitivo desse pesadelo que tortura as pessoas de bem.

Pedido de vista nesse cenário é apenas procrastinação e desserviço à Justiça, ao Direito, à Ética e à Moral. ¨Venia concessa¨. Rio de Janeiro, 24.02.2018.

ALBERTO CALVANO - Del Pol PCERJ e Prof. ACADEPOL
(aposentado)

O S.T.F. ESTARIA REFÉM DE PRESSÕES EXTERNAS ?

Temos assistido e lido, ultimamente, matéria difundida pela mídia, relativa ao desempenho do S.T.F., que nos tem preocupado muito quanto ao futuro da Corte Suprema do país, diante das graves denúncias envolvendo servidores públicos dos mais altos escalões dos três Poderes, especialmente, no que tange ao andamento das investigações, processos e julgamentos. A questão envolve privilégios, inseridos estrategicamente na Carta de 1988, após as chamadas cláusulas pétreas, que a rigor do princípio maior expresso no ¨caput¨ do artigo 5º., consagra a igualdade de todos diante da lei, principalmente quando se trata da execução das leis penais.

Considerando-se que, isonomicamente, não pode haver tratamento diferenciado, senão aquele expressamente previsto nos incisos do art. 5º., lei posterior, regimento interno ou qualquer outra forma regulamentadora da disciplina constitucional que vier romper com elas, é norma inaplicável nos três poderes, visto que agem eles na conformidade da delegação ou outorga dada pelo eleitor (Povo) e não pelo constituinte. Lembremo-nos que em uma república federativa e diante de um estado democrático de direito, o que vale é o princípio e não a vontade política, a governabilidade ou qualquer outra motivação para descumprir a LEI.

Especificamente, neste caso, estaríamos diante de poder delegado, para exercitar a proteção dos direitos e garantias fundamentais do delegante-outorgante (eleitor) confrontando-se com ¨interesses¨ outros, poucos nobres do delegatário (eleito). È óbvio que tudo mais que se inseriu na Carta de 1988, após as cláusulas pétreas, não pode sobrepor-se ao princípio (isonomia) que constitui a força motriz, o tronco-âncora de todo o sistema constitucional outorgado em

05.10.88.   Reafirma-se, para melhor compreensão das divindades tupiniquins, que não se vive uma farsa, um golpe baixo praticado por outorgatários contra os outorgante de poderes, passíveis aqueles de cassação do mandato, se não cumprida fielmente a sua destinação. Afinal, diz-se que se vive em um país que é uma república, assentada em um estado democrático de direito.

Suspeita-se que se está querendo blindar o parlamentar brasileiro de toda e qualquer responsabilização pelos malfeitos praticados no exercício do mandato que o eleitor lhe outorgou, quando se constroem inconstitucionalidades dentro de uma Carta de Princípios Democráticos, de aplicação imediata pelo Guardião Maior da Cidadania, sutis regras de forte matiz de impunidade, com roupagem de imunidade. Essa garantia constitucional que se confere ao parlamentar não pertence a ele, como pessoa física, mas ao outorgante, em nome de quem fala e age. É ele um servidor público qualificado, sujeito ao mesmo ordenamento jurídico aplicável ao eleitor.

Não se pode mais conviver com práticas criminosas, ocultadas e protegidas em falsas normas. supostamente constitucionais, habilmente inseridas na vigente Constituição-Cidadã, de um ULISSES GUIMARÃES. A Corte Constitucional brasileira não pode permanecer refém de organizações subterrâneas de cunho confiscador da dignidade e vida humanas. Não decepcionem uma Cidadania órfã, que já se mostra cansada desses rasteiros golpes.

Rio, 10.12.2017

ALBERTO CALVANO - Del POL PCERJ e Prof. ACADEPOL
(Aposentado).

PRISÃO DE PARLAMENTAR: EM FLAGRANTE DELITO OU POR ORDEM JUDICIAL

Acontecimentos recentes no cenário nacional já nos tinham alertado de que o relacionamento entre os Poderes da República não andava bem, quando expoentes da chamada classe política passaram a ser investigados e processados por corrupção, lavagem de dinheiro, evasão de divisas, organização criminosa e obstrução da justiça. Muitos achavam que as quadrilhas de malfeitores que comprometia aquele universo de abnegados servidores públicos aceitaria a punição prevista em lei e se comprometeriam não mais reincidir. Afirmava-se terem sido vítimas das más companhias e aconselhamentos levianos.

Mas o histórico da classe não era nada bom, sinalizando que cumprir-ser-ia ditado popular de que cesteiro que faz um cesto será capaz de fazer um cento. Seria apenas uma questão de tempo e de oportunidade. Diz o bom italiano do sul: "L'oportunitá fá l'uomo ladro" e as oportunidades não faltaram, como jamais faltarão, enquanto não revisitarmos a carta política, sepultando de vez as divindades que consomem o suor do trabalhador brasileiro, zombando das suas crendices.

Assessoria técnica especializada pessoal a tinham em abundância, instigando-os a continuarem com a pilhagem do erário, dividindo com elas os lucros fáceis, graças à falta de informações sérias sobre o perigo que rondava as suas modestas casas. O "marketing" reinava absoluto até que ....

Agora estão sendo apresentadas as contas das despesas feitas para a suas suntuosas festas e comemorações. Uma espécie de período das ¨vacas magras¨ que nos contam as escrituras. Depois da grandiosidade e dos tapetes vermelhos, tudo indica que o Rio de Janeiro passará por um processo de higienização e profilaxia e o povo voltará a sorrir. O horizonte começa a apresentar sinais de bom tempo e de coragem dos guardiões das leis.

Finalmente decretou-se a prisão de quem tripudiava sobre a desgraça alheia, certos de que como divindades do velho e corroído Senado Romano, não seriam alcançados pelo incêndio que Nerone provocara, porque eram semi deuses, coisas sagradas em um mundo pagão.

Mas sobreveio o desastre. Cumpriu-se a lei. A Magistratura Judicante de 2ª. Instância exercitou o seu poder dever e mandou recolher ao cárcere três parlamentares que fizeram mal uso dos poderes e prerrogativas que lhe foram confiadas pela Cidadania. Pontua a Carta de 1988, no art. 5º. LXI:

¨ ninguém será preso senão em flagrante delito ou por ordem escrita e fundamentada de autoridade judiciária competente, salvo nos casos de transgressão militar ou crime propriamente militar, definidos em lei;¨

Todos, exceto os casos de transgressão militar ou crime propriamente militar, são passíveis de serem presos quando em flagrante delito ou por ordem judicial. Há previsão de exceção constitucional apenas para a situação dos militares e ninguém mais, como cláusula pétrea, assente no princípio isonômico do ¨caput¨ do artigo 5º.

Deve-se ressaltar que não há no artigo 5º. incisos, alíneas e parágrafos expressamente consignando outras exceções. Dentro da sistemática que domina a Carta Maior, da doutrina e julgados do próprio S.T.F., aquilo que fere de alguma forma o básico, é de aplicação proibida, por contrapor-se à regra insculpida no ¨caput¨ do artigo 5º.

Diante dos últimos acontecimentos, parece-nos chegado o momento da Corte Constitucional Brasileira decidir se é ou não a guardiã da Constituição, escoimando-a dos excessos que em seu nome vem sendo praticados.

No caso específico de prisão, quando não em flagrante delito, somente a ordem judicial com ele concorre. Os militares, como categoria de servidores públicos especiais, estão fora desse contexto, e ninguém mais, sob pena de se violar o princípio maior da Carta - ¨todos são iguais diante da lei¨ . Os parlamentares não foram contemplados com a exceção, por óbvias razões. Sendo representantes do povo (mandatários) e não divindades e, se qualquer um do povo é passível de ser preso nessas circunstâncias, por que eles, representantes apenas do eleitor, não poderiam também sê-lo. Portanto, não podem e não devem ter mais direitos de quem lhes delega os poderes de que estão investidos. Outorga-se o que se tem e nada mais. Essa é uma regra de simples compreensão e de fácil execução, competindo ao STF declara-la vigente na presente Carta e tudo mais que se opuser a esse elementar princípio é tido como não escrito e de total inaplicabilidade. Isso, para quem lê com atenção as leis que deve aplicar.

Por enquanto, parabéns para quem fez corretamente o dever de casa.

Rio, 16.11.2017

ALERTO CALVANO - Del Pol PCERJ e Prof. ACADEPOL (aposent.)

O POVO, O ELEITOR E O ELEITO NA CONSTITUIÇÃO DE1988 FRENTE ÀS CLÁUSULAS PÉTREAS

Afirma-se com muita veemência que, numa república democrática ou democracia republicana como queiram - todo o poder emana do Povo e em seu nome será exercido (isso quando não exercitado pessoalmente), hipótese em que ocorre a delegação de poderes. Teremos, então, o Povo como delegante-outorgante (eleitor) e o eleito, como delegatário-outorgado.

Nesse cenário, o representante legal tem parte dos poderes que pertencem ao outorgante; poderes esses que não ultrapassam os limites que o Povo entendeu essenciais ao exercício da cidadania. Por isso, fica muito difícil para todos nós compreendermos que os nossos procuradores (parlamentares eleitos) legislem para si ao invés de fazê-lo em favor do outorgante-eleitor, blindando-se e alçando-se a uma categoria de servidores públicos especiais - curadores de incapazes.

Episódios recentes que inclusive foram submetidos ao Poder Judiciário, onde se invocaram garantias e prerrogativas de acusados de prática de crime inafiançável, observou-se que, apesar dos protestos do eleitor- outorgante, relativamente à ocorrência de abusos no exercício da delegação, ignorou-se flagrantemente o princípio isonômico expresso no ¨caput¨ do art. 5º. da Constituição de 1988 e, com isso reconheceu-se, tacitamente, que o outorgado-eleito (o parlamentar), obtivera na verdade, quando investido do cargo público eletivo, uma posição superior dentro da sistemática do ordenamento jurídico.

A situação se agrava porque não se presta contas nem ao outorgante-eleitor e, muito menos, ao Poder Judiciário.   Criou-se verdadeira divindade, que tudo pode e nada deve à sociedade de onde foi recrutado para representá-la. Autoritarismo autêntico e impunidade asseguradas, por um julgamento classista imperdoável, graças a inexplicável interpretação da Colenda Corte Constitucional do pais – o S.T.F., quando se viu diante de regras antagônicas – cláusula pétrea e cláusulas discriminatórias corporativistas direcionadas a Membros dos Poderes e Funções Essenciais à Justiça – um paradoxo incompreensivo, quando se faz uma leitura atenta dos princípios, direitos e garantias fundamentais do Cidadão, sem as adjetivações tão fartamente encontradas em dispositivos, depois das cláusulas pétreas.

Indagar-se-ia se as cláusulas pétreas se aplicam a todos e, a alguns segmentos, alinhados com outra doutrina, as mesmas mas , com entendimento diferenciado, aos quais presenteou-se com o foro especial e outras benesses, como legislar e julgar em causa própria.

A missão de desvendar a trama, retirando da penúria o estado brasileiro, retomar-se o caminho do justo, do ético, da moral e, bem assim , devolver-se a credibilidade nas instituições, é responsabilidade exclusiva dos atuais Ministros do Supremo Tribunal Federal, que têm, ultimamente, apresentado sintomas de esgotamento, comprometedores da harmonia que deveria ser observada entre os pares, presente nos debates e discussões pouco republicanas.

Rio, 20.11.2017

ALBERTO CALVANO (Del Pol PCERJ e Prof. ACADEPOL aposent.).

SUPREMO. IRRECONHECÍVEL COMO GUARDIÃO MAIOR DA CIDADANIA

Triste o recente episódio de que foi protagonista um seleto colegiado, a quem a cidadania paga o maior salário – dito estipêndio na linguagem jurídica – ao decidir matéria constitucional simples, de fácil compreensão e, acima de tudo do princípio maior da Carta Republicana de 1988. Bastava dizer e sentenciar que todos são iguais diante da lei, independentemente do seu status social, financeiro, religioso, ideológico e tudo mais que se agrega ao nome de certas pessoas, para tentar fazer parecer que são destinatários de tratamento especial. Isso se resumiria na aplicação da ISONOMIA constitucional.

Não está dito na Lei Maior que essa ISONOMIA seria disciplinada por norma infraconstitucional ou mera decisão judicial. Que caberia ao Poder Judiciário, Legislativo ou Executivo, criar no âmbito corporativo classe de intocáveis figuras não alcançadas pela guilhotina da Bastilha.

Assim pensava-se e assim esperava-se. Mas tudo deu errado. O seleto e respeitável colegiado não estava inspirado e muito menos consciente de que depois de DUNQUERQUE da II Guerra Mundial, em Pindorama tivemos a retirada das Forças Armadas da Rocinha e que não poderíamos suportar a retirada do Supremo na aplicação das regras e princípios da Carta de 1988, abdicando da sua EXCLUSIVA competência e atribuições, sujeitando assim o Guardião à censura e decisão final na aplicação da Lei a Membros da instituição que tem como finalidade precípua LEGISLAR e, jamais, interpretar e aplicar a Lei. Nos primeiros passos dos calouros nas universidades de direito, ensinava-se que o Poder Legislativo fazia as leis; o Executivo era o responsável pela sua execução, cabendo ao Judiciário a sua interpretação onde houvesse dúvidas e aplicá-las isonomicamente, em um estado democrático de direito.

Infelizmente, vive-se, momentaneamente, uma realidade perversa., onde o Guardião não é eleito mas, simplesmente escolhido, não por todos mas por uns poucos, que terão as suas condutas fiscalizadas e julgados os ocorrente desvios. Harmonia, interação e clamada interdependência, ficam apenas nos belos e inflamados discursos.

É triste, muito triste mesmo,   ver brilhantes carreiras se encerrarem melancolicamente.

Contudo, temos esperança de dias melhores e de reparação dos danos causados ao POVO que lhes paga razoavelmente bem. Lamenta-se que neste seleto grupo de bons juristas se encontrem velhos companheiros da velha e respeitável F,N.D da U.B. do século passado.

Rio, em 13.10.2017

ALBERTO CALVANO Del Pol PCERJ e Prof, ACADEPOL (aposent.)

ATITUDES INCONVENIENTES NOS PODERES DA REPÚBLICA

Inquestionavelmente, o país continua sem rumo, por falta de um gerenciamento sério e competente. Infelizmente, servidores públicos, regiamente pagos pelo erário, agem como se estivessem em um palco improvisado, divertindo-se de uma platéia de ignorantes.

Estes últimos anos não têm sido bons para as instituições, cujas imagens estão sensivelmente abaladas pelos fatos e atos envolvendo servidores efetivos e temporários em discussões pouco acadêmicas. Quando não se tem notícias de práticas criminosas de verdadeiras quadrilhas que tomaram de assalto respeitáveis santuários, vemo-nos diante de posturas meramente corporativas, a desafiar a nossa paciência e respeitabilidade. Punhos erguidos de alguns próceres políticos, desdém de outros e, até arrogância, como se fossem intocáveis semi-deuses desfilam pela mídia informativa e investigativa, na sua pauta diária.Nos dois maiores escândalos deste milênio,quando se constatou a prática de corrupção, lavagem de dinheiro e formação de gigantescas quadrilhas de criminosos do ¨colarinho branco¨, vimo-nos diante de parceiros da persecução penal, atuando de forma harmoniosa e altamente profissional, cujos resultados lavaram a alma da cidadania. Finalmente, o bem venceu o mal. Fato histórico, dizia-se. Tiveram os operadores do direito alguns percalços, que a sua união os superou. O povo começou a acreditar na Justiça do seu país. Alguma coisa havia mudado sob a liderança de um JOAQUIM BARBOSA, que lutou boas batalhas, vencendo as mais importantes.

Isso abria caminho para que, outros de igual estirpe e coragem pudessem se bater pelos mesmos princípios, falando uma mesma linguagem. Havia luz no fim do túnel.

Mas, como estamos em Pindorama, o crime e os criminosos não sossegam. No anonimato e na calada da noite articulam, promovem sacrifícios aos deuses pagãos e a entidades outras que abominam a paz e a harmonia.

Eis que, nestes dois últimos dias, explode no noticiário a informação de que o Ministério Público Federal e a Policia Judiciária Federal não mais estão se entendendo. Instalou-se autêntico dissídio acadêmico, sobre matéria que não mais comporta esse tipo de discussão, haja visto a posição da própria colenda corte constitucional – o S.T.F. – em inúmeras ADI's ou incidentalmente em recursos outros.

Sabem todos os operadores do Direito que a Carta Republicana de 1988 manteve o sistema acusatório, recusando-se a ¨italianizar¨ o Ministério Público Brasileiro e, este, faz parte do ¨todo¨. A Polícia Judiciária é, constitucionalmente, MONOPÓLIO, das Polícias Federal e Estaduais. Assim como são elas dirigidas por DELEGADOS DE POLÍCIA de carreira. Ao MP cabe, privativamente, a propositura da ação penal, no prazo que a norma dos ritos lhe fixou. Não o fazendo como ali se determina, decai desse ¨munus¨, que retorna ao titular do direito ofendido para, em querendo, exercitá-lo mediante ação penal privada, na forma do art. 5º., LIX da Constituição. É óbvio, que este axioma é para quem sabe ler a Carta. Afastemo-nos, portanto, da fogueira das paixões, que já lesionou muitos operadores do direito.

Rio de Janeiro, 18 de abril de 2015.

ALBERTO CALVANO - Delegado de Polícia RJ (aposentado).

Quando a CORTE CONSTITUCIONAL se põe a serviço de um dos Poderes

A mídia divulgou recentemente que a Justiça venezuelana, através do seu órgão supremo, teria decidido que a formalidade de posse do chefe do Poder Executivo, recentemente reeleito, seria fato jurídico supérfluo, portanto, dispensável.

Resta saber se a Lei Maior daquele país prevê expressamente tal dispensabilidade.

Nesta hipótese, nada há a comentar a respeito. Cumpre-se mandamento constitucional, decidido pelo guardião da Justiça, que é exercida pelo Poder Judiciário, nos países que se dizem democráticos, portanto, em um estado de direito.

Não assim sendo e, ao que parece, pelo sentido que a imprensa dá no seu noticiário, a Justiça do Estado Democrático de Direito, submeteu-se à rebeldia de uns poucos, que deteriam pelo poder da força, o destino da nação e do seu povo disciplinado, ordeiro e cumpridor das suas obrigações legais e sociais.

Mais uma vez estar-se-ia criando condições para a desordem pública e a desobediência civil às leis e aos princípios maiores do estado democrático.

Diz-se, ainda, que o Brasil, através do chefe do seu Poder Executivo, estaria apoiando esse entendimento, na contra-mão da nossa tradição jurídica e episódios recentes, onde a Corte Constitucional resistiu a todo tipo de pressão, mantendo-se altaneira para exemplo do mundo jurídico nacional e internacional.

Espera-se que mais uma vez não seja rompido o contrato social neste tão disputado espaço do continente americano, onde o Brasil exerce inconteste liderança no cenário regional e internacional. Espera-se, conseqüentemente, muita cautela nas decisões diplomáticas que serão tomadas.

Rio, 11 de janeiro de 2013.

ALBERTO CALVANO

QUANDO O ESTADO SE TORNA REFÉM DO PRÓPRIO SISTEMA

Não mais surpreende a cidadania ações praticadas por prepostos do Estado com alto grau de selvageria, numa inequívoca demonstração de que os seus autores estariam acima da própria lei, que juraram defender e aplicá-la.

Episódios rotineiros deixam o Cidadão órfão de justiça, da sua segurança pessoal e coletiva, despojando-o do próprio estado de direito. Quando agentes do Estado fazem pretensa justiça com as próprias mãos, caminham a passos largos para a implantação da desordem pública, onde pontificam condutas doentias, adquiridas no exercício do poder de polícia.

A instituição fardada responsável pela prevenção criminal, consoante regra esculpida na carta republicana de 1988, ao colocar-se, na visão e concepção criminosa de quem está momentaneamente na gestão da ¨res publica¨, acima da ordem jurídica, faz despontar a ponta de ¨iceberg¨ monstruoso, que tomaria o comando do próprio Estado, se já não o fez.

Infelizmente, ante a copioso noticiário, que todos os dias é passado para o Povo, dúvidas não restam de que o estado-administração perdeu o controle efetivo de corporação centenária, garantidora primeira da ordem pública. Tantos são os malfeitos, que chegam a rivalizar com os executores de TIM LOPES.

Nas instituições com formação militar dos seus integrantes, a HIERARQUIA é a pedra de toque do sistema operacional, que funciona obedecendo as NGA,s editadas pela corporação, as quais têm a sua base na formação, no aperfeiçoamento e especialização profissional do pessoal. Ignorada a hierarquia, não há disciplina, não há controle e, muito menos direção. Cada fração de tropa age independentemente das diretrizes. Cada dirigente de mínima fração passa a ter um poder de vida e morte sobre quem deveria proteger. Incendiar quem estava sob a proteção do Estado é a ponta do perigoso ¨iceberg¨ que flutua em mar agitado

É preciso salvar a instituição, mesmo que isso possa representar perdas políticas para ambições longamente acalentadas. Basta de talião, em um estado dito de direito, "venia concessa"!

Rio de Janeiro, 08 de dezembro de 2012,

ALBERTO CALVANO

O S.T.F. DE GUARDIÃO DA CONSTITUIÇÃO A ....

Preocupa à comunidade jurídica e, consequentemente, à Cidadania, a forma inusitada de como têm se comportado alguns Membros da Corte Constitucional Brasileira, ao decidirem, pressionados pela chamada classe política, sobre a eficiência e eficácia de Medidas Provisórias.

Equivocam-se aqueles que proclamam que a segurança jurídica fica afetada quando o Colegiado decide que, em um regime democrático de direito, deve prevalecer não o interesse político do governo, mas a vontade maior do Povo que escreveu a Carta Magna. Decidindo contrariamente às regras inscritas naquele documento é que fica afetada a segurança de todos nós, por se colocarem a serviço de interesses pessoais de editores de atos pré-legislativos, ignorando os ritos procedimentais que lhe dariam validade jurídica, incorporando-os definitivamente ao sistema. A insegurança está mais ameaçada quando as instituições permanentes demonstram instabilidade na prestação jurisdicional, transformando-se em apêndice de equívocos governamentais.

A interdependência dos Poderes do Estado Brasileiro de há muito está afetada com a hipertrofia do Chefe do Executivo em face do Legislativo, que deixa de ser a fiel representação do eleitorado para se transformar em executivo daquele, inclusive, ignorando as suas prerrogativas claramente inscritas na Constituição, omitindo-se deliberadamente de bem exercita-las, como no presente caso da Comissão Mista do Senado-Câmara. Tivessem os respectivos Presidentes das duas Casa do Congresso cumprido com o seu dever constitucional, não haveria razão para se questionar o ato do executivo junto ao Poder Judiciário.

Inquestionavelmente não pode o S.T.F. deixar de ser o guardião da Constituição para, depois de exercitá-lo, revogar a sua validade, sob pretexto de que a observância da Lei Maior causa insegurança jurídica no país. Insegurança há, sim, quando os ocupantes temporários de cargos públicos descumprem a Lei e devem ser responsabilizados por seus atos comissivos omissivos. Nesse exato momento é que o Fiscal da Lei deve atuar por conhecimento próprio ou provocado pela autoridade judicante.

Assim, estaremos construindo um verdadeiro estado democrático de direito. E, poder-se-ia afirmar que "Tutti sono uguali davante da legge", primado maior de uma República.

Rio, 09/03/2012.

ALBERTO CALVANO

Delegado de Polícia RJ (aposentado)

ALGEMAS ? POR QUE ALGEMAS ? USEM-SE APENAS GRILHÕES

O jornal O Globo, n a edição de 15/12/11, na coluna OPINIÃO, mais uma vez, aborda tema que se esperava ter sido vencido, depois da manifestação da Corte Constitucional (STF), onde procurou regulamentar o uso de meio de contenção de quem tem contas a ajustar com a Justiça, desde a fase preparatória do processo penal, que se instaura com o recebimento da denúncia, até a sentença condenatória.

Na mesma edição são publicadas duas cartas de leitores, expondo sua ¨opinio¨ sobre essa questão tormentosa, para que não se apliquem a algumas personalidades os grilhões destinados aos desafortunados, conforme entendimento por nós expendido à época em que a mídia publicou a decisão. O nosso texto não mereceu da parte do editor da coluna Cartas dos Leitores tal destino, ficando nos seus arquivos os escritos, com isso privando este assinante de compartilhar de discussão que não se encerrará, enquanto não se prover a reeducação de algumas pessoas que exercem cargo ou função pública, fazendo-as se conscientizarem de que, de há muito, deixamos de ser apenas uma colônia.

Agora, diante de fato não inédito, a matéria volta à pauta jornalística e vemos, com satisfação, embora tardiamente, que a ¨opinio¨ deste assinante não está muito distante do ¨veredictun¨ da imprensa saudável e republicana, sintetizada no título-libelo;

¨DISCRIMINAÇÃO E ARBÍTRIO NO USO DE ALGEMAS¨

Saudável e esperançosa é a conclusão de que a imprensa manter-se-á ativa e vigilante para se acabar de vez com esse super-poder dos malfeitores do ¨colarinho branco¨ que não aceitam submeterem-se às leis da República, porque ainda julgam regerem-se pelas famosas Carta Régias do período colonial, como demonstram os reiterados episódios.

¨Todos são iguais perante a lei, sem distinção de qualquer natureza. A LEI a que se reporta o Art. 5º. Da Constituição de 1988 é a própria Carta Republicana, ante a clarteza meridiana das cláusulas pétreas, das quais é guardião maior o SUPREMO TRIBUNAL FEDERAL, através da judicatura dos seus Membros, de quem se espera um honroso desempenho, enquanto estão no exercício de cargo público, de livre escolha e nomeação pelo Chefe do Poder Executivo.

Quanto ao fato de o STF anular o julgamento de que resultou condenação pelo tribunal do júri, porque o réu ali compareceu algemado, ¨venia concessa¨, erros e equívocos todos nós cometemos, porque somos emocionalmente incontidos, como bons latinos.

Importante é não sermos reincidentes.

Rio/15/12/11

ALBERTO CALVANO

POR QUE SE DAR TRATAMENTO DIFERENCIADO AOS INDIFERENTES ?

Lamentavelmente está se consolidando uma prática indesejável para um estado democrático de direito. Estamos criando uma categoria especial de pessoas que tudo podem e tudo fazem, debochando do Cidadão e da Cidadania.

O princípio isonômico não se lhe é aplicado porque uns poucos que estão gestores da ¨res publica¨ entendem que devem proteger os malfeitos e os malfeitores da nobreza política tupiniquim dos tempos modernos.

Primeiro foi a história do emprego das algemas, espécie de grilhões que podem e devem ser aplicados aos delinqüentes ¨pés de chinelos¨ mas, terminantemente proibidos de imobilizarem os criminosos dos ¨punhos e colarinhos brancos¨. Nesse barco furado até a Colenda Corte Suprema embarcou, Guardiã Maior dos Direitos e Garantias Fundamentais do Cidadão.

Onde a Carta não distinguiu, o julgador o está fazendo, criando duas categorias de pessoas do Povo, umas sujeitas à Lei e outras que estão acima dela. E, quase um decênio os governos têm sido populistas, do norte ao sul e do leste ao oeste deste Brasil. Nem durante os dois decênios precedentes se viu tanta corrupção e desvios de dinheiro público.

Pelos cantos poucos iluminados cogita-se até em amordaçar a polícia judiciária e exercer um controle maior sobre o Fiscal da Lei e a Magistratura de primeira instância, os quais, interagindo, têm desnudado a podridão dos subterrâneos dos poderes.

Não bastassem os tristes episódios das algemas, da ¨marcha pela liberação dos tóxicos¨, não nos surpreendamos se breve não virá a censura aos meios de divulgação das notícias proibindo-os de publicarem fotografias de pessoas que foram fotografadas quando submetidas a procedimentos investigatórios criminais, se tais pessoas pertencerem à nobreza política e/ou empresarial.

Aqueles que estão exercendo mandato eletivo, que deveriam estar servindo o Povo, que têm neles os seus representante e em nome dele manifestam-se, agem como se fossem semi-deuses ou reencarnação dos senhores feudais, querendo as cabeças dos que os contrariam ou expõem as suas mazelas.

Triste !   Simplesmente chocante as condutas daqueles que deveriam ser um exemplo de Cidadania, de ética , de moral, de competência, de profissionalismo e, acima de tudo de humildade. *Quousque tandem* ?

Rio de Janeiro, 13 de agosto de 2011.

ALBERTO CALVANO (Delegado de Polícia Aposentado).